高等医药学校基础课实验系列教材

医学微生物学实验教程

孙剑刚　邓毛子　主编

科 学 出 版 社
北 京

内容简介

本书是高等医药学校基础课实验教材系列之一，内容主要涉及医学微生物学的基本理论、基本实验操作技能以及一些与创新性、应用性相关的综合设计性实验项目。全书共分6篇：第一篇为实验概述，第二篇为细菌学实验的基本技术，第三篇为细菌学各论实验，第四篇为真菌学实验，第五篇为病毒学实验，第六篇为综合性实验。每一实验内容基本上都依照实验目的、实验原理、实验器材、实验方法、实验结果、注意事项与思考题的顺序编写。书末并附有附录、主要参考书目，供读者查阅和参考。

本书的主要使用对象是高等医药院校本专科学生，教学中可根据不同专业要求和具体的学时数选择适当教学内容。

图书在版编目(CIP)数据

医学微生物学实验教程/孙剑刚，邓毛子主编. —北京：科学出版社，2011.9
高等医药学校基础课实验系列教材
ISBN 978-7-03-032216-6

Ⅰ.医… Ⅱ.①孙… ②邓… Ⅲ.医学微生物学-实验-医学院校-教材
Ⅳ.R37-33

中国版本图书馆CIP数据核字(2011)第175929号

责任编辑：张颖兵 程 欣/责任校对：闫 陶
责任印制：彭 超/封面设计：苏 波

科学出版社 出版
北京东黄城根北街16号
邮政编码：100717
http://www.sciencep.com

武汉中科兴业印务有限公司印刷
科学出版社发行 各地新华书店经销

*

开本：787×1092 1/16
2011年8月第 一 版 印张：10 1/4 插页：4
2018年7月第三次印刷 字数：240 000

定价：35.00元

（如有印装质量问题，我社负责调换）

《医学微生物学实验教程》编者名单

主　审　应惠芳

主　编　孙剑刚　邓毛子

副主编　万滋衡　朱　嶷

编　者　（以姓氏笔画为序）

万滋衡　邓毛子

包永芬　朱　嶷

孙剑刚　梁　莹

前　言

为适应新世纪对高等医药人才的要求，迎合高等医药院校实验教学改革的潮流，适应本学科的发展及教学需要，并突出学生的能力培养，结合我校的实际情况，我们特编写此实验教程。

本书凝聚了我们在实验教学过程中的经验积累，并借鉴了其他医药院校相关实验教材内容，坚持基本理论、基本知识与基本技能相结合，同时又注意创新性与应用性的培养。本书在突出基本实验技术的同时，适当编入一些综合设计性实验项目，以引导学生在掌握基本技能的基础上，用所学的知识去分析、解决实际问题，真正做到学以致用，为培养高级应用型医学人才创造条件。本实验教程分6篇，33次实验，共127个具体实验项目，书后列有相关附录，便于查阅。另外在每次实验内容之后附有思考题，以便引导学生思索、理解问题和掌握相关知识。在对每个具体实验的编写过程中，力求实验目的明确、原理透彻、实验器材具体、实验方法可行、实验结果准确。

本书以“基础性、实用性、系统性、科学性、创新性”为编写原则。各个实验相对独立，在教学中可根据实际情况灵活选择实验内容进行教学。本书主要供高等医药院校的基础、临床、预防、口腔、影像、护理、检验、药学等专业的本专科生使用，亦可作为从事微生物相关工作的教学、科研、临床工作者的参考书。

由于编者学识水平和经验有限，以及编写时间紧迫，书中难免存在不足和疏漏，恳请广大同仁及读者予以批评指正。

编者

2011年6月

目　　录

第一篇

实 验 概 述

YI XUE WEI SHENG WU XUE
SHI YAN
JIAO CHENG

▶ 医学微生物学实验室规则 ◀

在进行医学微生物实验时，实验人员要有自我安全防范意识，要认识到微生物实验的对象大多是病原微生物，存在着被感染与传染的危险，为保证实验人员的安全和避免病原微生物对实验室的污染，进入实验室的实验人员必须遵守以下规则。

（1）学生在每次实验课前，必须预习实验内容、明确实验目的、了解实验原理和实验操作过程，若有疑问应课前请教指导教师。

（2）进入实验室必须先穿好工作服，离室时脱下反叠好带走。不必要的物品如书包、衣物等请勿带入实验室内，必要的书本、文具应放在指定的位置以防污染。

（3）实验室内应保持安静，不得高声谈笑和随意走动。严禁在实验室内吸烟、进食、饮水和用嘴吸取移液及湿润标签等，也不要以手抚摸头面部及身体其他暴露部位。

（4）实验操作要小心仔细，严格按操作规程进行。实验过程中若出现问题，如不慎打破菌种管或使有菌材料污染操作台桌面、衣物和皮肤等情况，应立即报告指导教师，切勿隐瞒或擅自处理。

（5）需培养的实验材料应标明实验者的组别、时间及实验名称，放于教师指定的地方进行培养。培养后的实验材料应放置于教师所指定的地方，实验室中的菌种和实验物品未经教师许可，不准带出实验室。

（6）实验完毕整理桌面，清理实验用品并归回原处。实验废弃物应放入或倒入指定的容器内，吸过菌液的吸管、毛细吸管、玻片等有菌物品应放入消毒缸内，杜绝乱放乱扔在实验桌面上。

（7）实验完毕离开实验室前，用肥皂将手洗干净，必要时用消毒液浸泡双手然后用清水洗净。离开实验室时必须关好实验室的水、电、窗、门后方可立刻离开。

▶ 实验意外事故的紧急处理 ◀

微生物实验时，应严格按照实验操作规程和指导老师的要求进行操作，实验中若不慎发生意外事故，应立即报告指导老师并立刻进行紧急处理。

(1) 皮肤创伤：应先除尽异物，用无菌盐水洗净再涂以活力碘。

(2) 烧灼伤：可涂以无菌液体石蜡、5%鞣酸或2%苦味酸。

(3) 化学腐蚀伤：若遇强酸腐蚀时，则先用大量的清水冲洗，再用5%的碳酸氢钠溶液洗涤中和；若遇强碱腐蚀时，先用大量的清水冲洗，再用5%的醋酸溶液洗涤中和；若眼部受伤，经上述步骤处理后，再滴入1～2滴无菌液状石蜡以滋润眼部。

(4) 吸入菌液：应立即吐入盛有消毒液的容器内，以大量清水或3%双氧水漱口，并根据所吸入细菌的种类服用相应的抗生素，预防感染。

(5) 菌液溅洒桌面或地面：应立即用抹布浸入0.2%～0.5%84消毒液，覆盖被污染的桌面或地面约30 min后再抹去，若污染菌为芽胞杆菌则应延长消毒时间。若菌液污染手部，应立即将手浸泡于消毒液内10～20 min后用肥皂刷洗和自来水反复冲洗干净。

▶ 常用实验器皿的处理 ◀

微生物实验经常要用到大量的玻璃、橡胶、塑料和金属等消耗性实验器材，并要求这些器材洁净无菌、pH 值中性，否则实验器材因灭菌不合格、pH 值过高、低或因含有某种化学物质，影响培养基的 pH 值、抑制细菌生长进而影响实验结果。

一、玻璃器皿的处理

1. 主要程序

玻璃器皿的处理流程如图 1-1 所示。

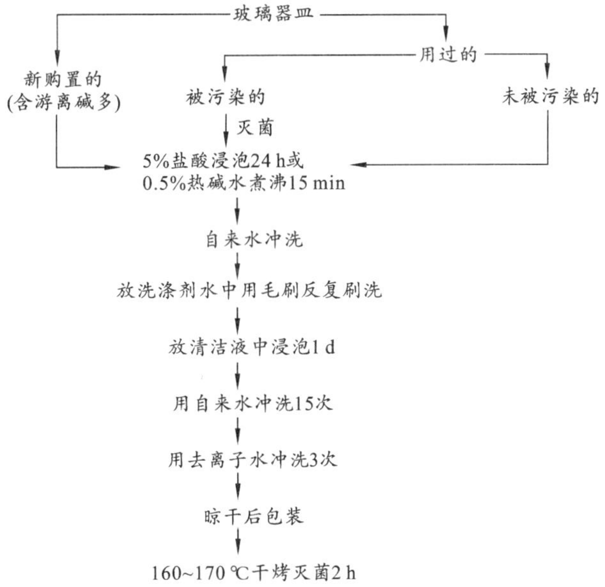

图 1-1　玻璃器皿的处理流程

2. 载玻片与盖玻片

用过的载玻片与盖玻片如滴有香柏油，可用擦镜纸蘸取 30％酒精乙醚，擦去香柏油或浸在 30％酒精乙醚溶液中摇晃使香柏油溶解，或用 5％碱性溶液煮沸 10 min，冷却后用自来水冲洗。然后在稀洗涤液中浸泡 2 h，自来水冲洗并用蒸馏水换洗数次，自然干燥后浸入 95％酒精溶液中备用。使用时将玻片上的酒精沥干，残余的酒精在酒精灯火焰上缓慢烧掉。

检查过活菌的载玻片或盖玻片应在 0.25％新洁尔灭消毒液中浸泡 24 h 后取出，然后按上述处理步骤清洗。

3. 玻璃吸管与玻璃刻度吸管

吸过血液、血清、糖溶液或染料的玻璃吸管或玻璃刻度吸管，用后立即投入底部垫有脱脂棉花、盛有自来水的量筒或标本瓶内(玻璃刻度吸管顶部塞有棉花则应将棉花取出)，然后按上述处理步骤清洗。

4. 含油脂的试管

凡沾有凡士林或石蜡的试管，应单独高压灭菌洗涤，避免油脂沾污其他玻璃器皿。高压灭菌后立即取出棉塞并趁热倒去污物，然后将试管倒置铁丝篓内烤干，烤干后用碱性溶液浸泡试管煮沸 2 次，再用试管刷洗刷，最后用自来水冲洗干净。

5. 培养细菌用的玻璃平皿

培养细菌后的玻璃平皿高压灭菌时，应将平皿放在搪瓷容器中，不要将平皿直接置于高压灭均器内，避免因高温琼脂融化流出而阻塞排气孔。高压灭菌后应趁热倒出培养物，在进行洗涤晾干、底盖相配，包装备用。

6. 玻璃染色瓶

将沾有染料的染色瓶浸入清洁液中浸泡 24 h 后用自来水冲洗，晾干后备用。

7. 玻璃器皿清洁程度的判断和清洁液的配制(见表 1-1)

玻璃器皿经洗涤后若器皿内壁的水均匀分布成薄层，表示器皿油垢洗去较为洁净。若内壁挂有水珠表明清洗不彻底，还需用清洁液浸泡数小时或数天后，再用自来水冲洗干净。

表 1-1　清洁液的配方

成　份	强酸清洁液	次强酸清洁液	弱酸清洁液
重铬酸钾(g)	63	120	100
H_2SO_4(ml)	1 000	200	100
蒸馏水(ml)	200	200	1 000

注意　配制清洁液时，操作者要小心认真，戴耐酸手套和防护眼镜，严格按下列步骤操作：

(1) 按配方称量好重铬酸钾和蒸馏水，然后将重铬酸钾完全溶于蒸馏水中。

(2) 再按配方把工业用浓硫酸缓慢(以产热很少为宜)加入(1)液中，边加边缓慢搅拌。

(3) 自然冷却后备用。

新配制的清洁液呈棕红色。当使用过久，清洁液的颜色变暗、发绿或浑浊时，应弃去(深埋地下)重新配制新。配制盛装清洁液的容器应耐酸、耐热、有较大的开口，一般用瓶、缸等玻璃或陶瓷制品。

二、橡胶类制品的处理

(1) 新购置的橡胶类制品(胶塞、胶管、橡皮头)→自来水冲洗→蒸馏水浸泡 48 h→蒸馏水煮 5 min→晾干或 50 ℃烤干→高压灭菌。

(2) 用过的或被污染的橡胶类制品→自来水煮沸 20 min→自来水冲洗→同上后续步骤。

三、塑料制品的处理

塑料制品具有质地柔软、易出现划痕、不耐热、耐腐蚀能力强等特点。一般处理过程为:用后直接浸泡在 2%～3%盐酸溶液中过夜→用纱布或棉签蘸去污圾→流水冲洗→晾干。

四、金属器械的处理

(1) 用过的(无污染的)剪刀、镊子等器械→流水冲洗→擦干→包装→高压蒸汽灭菌。

若临时急用,可在使用前浸泡于 95%酒精内,用时取出并经过火焰,待器械上的酒精自行燃烧完毕后即可使用。

(2) 被病原体污染的器械→煮沸 15 min→流水冲洗→同上述步骤。

五、滤菌器的处理

1. 玻璃滤器的清洁

(1) 新购置的滤器:置玻璃滤器洗液(470 ml 蒸馏水＋10 g 硝酸钠＋28.6 ml 浓硫酸混匀)中浸泡 24 h→流水缓慢冲洗至 pH5.5 左右→用 4 倍体积的蒸馏水缓慢冲洗→再次用蒸馏水缓慢冲洗→烤干→包装→灭菌备用。

(2) 用过的滤器:立即浸泡于水中过夜→流水冲洗 24 h→滤面基本疏通→50 ℃烤干→置清洁液浸泡 24 h→流水冲洗→蒸馏水冲洗→烤干→包装→灭菌备用。

2. 不锈钢滤器的清洁

用清洗剂刷洗新的或用后的滤器→流水冲洗 15 min→去离子水浸泡 24 h→三蒸水浸泡 24 h→干燥→灭菌备用。

六、常用器皿的包装和灭菌

微生物的分离与培养所用器皿在灭菌前应进行包装便于灭菌和储存,常用的包装材料有旧报纸、牛皮纸、硫酸纸、棉布、铝饭盒、金属筒、特制玻璃消毒筒等。

1. 培养皿

玻璃培养皿常用旧报纸或牛皮纸密封包紧,一般以 5～8 套培养皿为一包进行高压蒸汽灭菌,灭菌后置烤箱内烤干备用。

2. 吸管与毛细吸管

干燥的玻璃刻度吸管在其顶端管口约 0.5 cm 处,塞一小段约 1.5 cm 长松紧适中的棉花。棉花太紧吹吸液体时流速太慢，棉花太松吹气时棉花会下滑，不能起到过滤空气的作用，顶端管口外露的棉花通过火焰烧去。然后分别将每只吸管尖端斜放在旧报纸条的近左端，与报纸约呈 45°角，并将左端多余的一段纸覆折在吸管上，再将整根吸管从尖端开始逐渐向上包裹将吸管全部包紧，右端多余的报纸打一小结，如图 1-2 所示。如此包好的很多吸管可再用一张大报纸包好进行干热灭菌，或放入装吸管的不锈钢筒或玻璃筒内进行高压灭菌，灭菌后置烤箱内烤干备用。

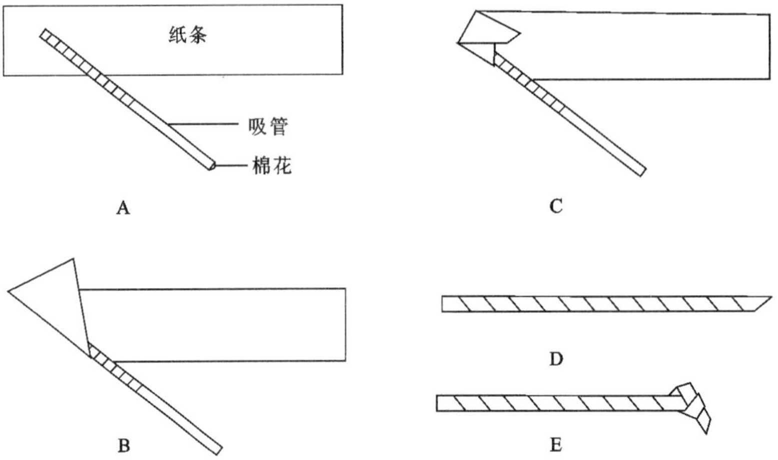

图 1-2　吸管的包装过程

3. 试管和三角烧瓶

装有培养基的试管或烧瓶管口要用棉塞塞紧，以防止杂菌污染和保证良好的通气。棉塞的制作方法是，先将普通棉花（不用脱脂棉，因其易吸水变湿易造成污染）撕成大小适当、厚薄均匀的方块，从一边卷向另一边，边卷边将两侧毛边向内折入；卷好后，再卷紧一、二周，使最外层的棉絮能黏附在一起。卷成的棉塞要求两端与周围必须光滑，塞入试管口内不应存有缝隙、松紧适宜、长短适中，使棉塞的长度 2/3 塞入试管内，外露 1/3，以便拨取或回塞。棉花塞于管口和瓶口外面用旧报纸与细线包扎好，以防高压灭菌时水蒸气浸湿棉塞及外界细菌污染管口。干热灭菌时要注意控制温度和时间，一般控制在 160 ℃ 及 2～3 h 内，以防棉塞及包装纸燃烧。也可用金属试管帽、橡皮塞代替棉塞。

4. 注射器

最好将内芯取出，与外套一起用纸或纱布包好，针头装入管底垫有少量棉花的小试管内，管内塞上棉塞，高压灭菌干燥后备用。

（万滋衡　朱薿）

▶ 油镜的使用与保护 ◀

【实验目的】

熟练掌握显微镜油镜的使用和维护方法。

【实验原理】

普通光学显微镜的物镜有低倍镜、高倍镜和油镜三种。观察微生物常使用油镜，油镜镜头的识别标记有：①放大倍数一般是 100×；②镜头前端有一定的色圈；③透镜的孔镜最小；④镜头刻有"油"或外文"HI"（Homogene Immersions）或"Oil"等字样。

使用油镜时需在玻片上滴加香柏油，其原理是油镜的放大倍数较高而透镜孔镜较小，光线通过不同密度的介质物体（玻片→空气→接物镜）时，部分光线因介质密度的不同发生折射而散失，导致进入镜筒的光线少、视野较暗、物像显现不清。若在透镜与玻片之间滴加与玻片折射率（n=1.52）相仿的香柏油（n=1.515）时，可增加进入透镜的光线使视野的亮度加强，物像也就显得清晰便于观察。油镜的作用原理如图 1-3 所示。

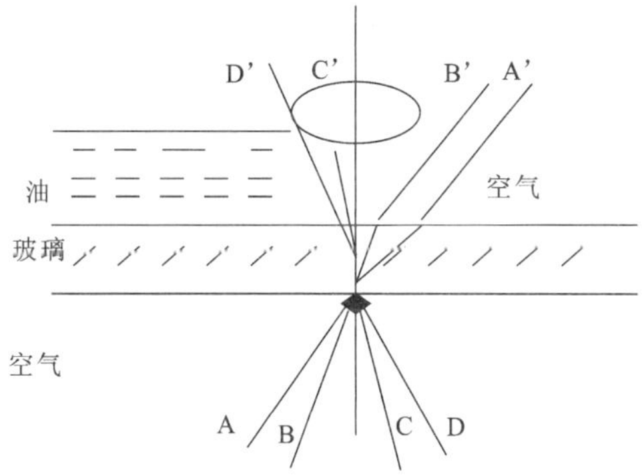

图 1-3　油镜的原理示意图

【实验材料】

标本片、显微镜、香柏油、擦镜纸、30%酒精乙醚。

【实验方法】

(1) 使用油镜时勿将镜臂弯曲倾斜，以免油滴或菌液流淌外溢，影响观察并造成污染。

(2) 先用低倍镜对光，左眼通过目镜观察并用手调节反光镜（天然光源用平面镜，人工光源或光源较弱的地方用凹面反光镜）使视野光线明亮均匀。

(3) 检查染色标本时用强光（将集光器升到最上光圈完全打开），检查不染色标本时则宜用弱光（集光器适当下降光圈适当缩小）。标本片（涂面向上）放在载物台上，用标本推进器或压片夹固定。

(4) 观察标本时先用低倍镜找出标本的范围，然后在待观察的部位上加一滴香柏油

(不要多加,使香柏油呈滴状切勿散开),转动镜头转换器将油镜并置于观察位置上,然后从显微镜的侧面观察并缓慢转动集光器螺旋使载物台缓慢上升(或转动粗调节器使油镜头缓慢下降),至油镜浸入香柏油中接近玻片为止(**注意** 转动粗调节器螺旋时不要用力过大过急避免损坏镜头或压坏标本)。

然后用左眼移至目镜,通过目镜观察并缓慢转动粗调节器螺旋,当看到模糊图像时,接着转动细调节器螺旋上下调节直至图像清晰。最后用标本推进器一边移动标本一边仔细观察,寻找较为典型的图像并认真绘图。

(5) 观察标本时宜同时睁开双眼以减轻眼睛疲劳,一般用左眼观察右眼则绘图和记录。

(6) 观察完毕取下标本,立即用擦镜纸顺一个方向旋转擦拭镜头上的香柏油。若观察时间太久镜头上的香柏油已干,应先用30%酒精乙醚滴在擦镜纸上擦去镜头上的香柏油,再用另一干净擦镜纸拭去镜头上残留的酒精乙醚。因镜头的透镜片是用胶质粘固的,而酒精和乙醚都是有机溶剂能溶解胶质,日久镜片将自行移位或脱落,所以要尽量少用酒精乙醚。

(7) 显微镜擦拭干净后,应降低接物镜并将其转成八字形,反光镜放平光圈关上,归还显微镜至保存处。

【注意事项】

(1) 显微镜是贵重精密仪器,使用时要加以爱惜不得随意拆散玩弄。

(2) 油镜头与标本的焦距一般在 0.2 mm 以内,因此使用油镜时要特别小心,避免由于调节焦距不慎压碎标本并损伤镜头。

【思考题】

(1) 使用油镜时为什么选用香柏油作为油镜与玻片间的介质,是否可以用其它物质代替?为什么?

(2) 油镜使用完后为什么必须把镜头擦干净?残留在镜头上的香柏油对镜头有何害处?

(万滋衡 朱薿)

▶ 病原微生物实验室生物安全 ◀

病原微生物实验室是指从事病原微生物菌(毒)种、样本有关的研究、教学、检测、诊断等活动的实验室。这里所指的病原微生物是指能够使人或者动物致病的微生物。为了加强病原微生物实验室生物安全管理,根据《中华人民共和国传染病防治法》、《突发公共卫生事件应急条例》、《病原微生物实验室生物安全管理条例》的相关要求,对我国境内的实验室及其从事实验室活动的人员应实行生物安全管理,并规定了病原微生物实验室生物安全防护的基本原则、实验室的分级、各级实验室的基本要求。

一、实验室生物安全防护的基本原则

实验室工作人员所处理的实验对象含有致病的微生物及其毒素时,通过在实验室设计建造、使用个体防护装置、严格遵从标准化的工作及操作程序和规程等方面采取综合措施,确保实验室工作人员不受实验对象侵染,确保周围环境不受其污染。

(1) 实验室生物安全防护的内容包括安全设备、个体防护装置和措施(一级屏障),实验室的特殊设计和建设要求(二级屏障),严格的管理制度和标准化的操作程序及规程。

(2) 应将每一特定实验室从立项、建设到使用维护的全过程中有关生物安全防护综合措施的内容编入各实验室的生物安全手册中。必须设有专职的生物安全负责人。

二、病原微生物的分类

国家根据病原微生物的传染性以及感染后对个体、群体的危害程度,将病原微生物分为四类:第一类是指能够引起人类或者动物非常严重疾病的微生物,以及我国尚未发现或者已经宣布消灭的微生物;第二类是指能够引起人类或者动物严重疾病,比较容易直接或者间接在人与人、动物与人、动物与动物间传播的微生物;第三类是指能够引起人类或者动物疾病,但一般情况下对人、动物或者环境不构成严重危害,传播风险有限,实验室感染后很少引起严重疾病,并且具备有效治疗和预防措施的微生物;第四类是指在通常情况下不会引起人类或者动物疾病的微生物。第一类、第二类病原微生物统称为高致病性病原微生物。

三、生物安全水平分级

根据所操作的生物因子的危害程度和采取的防护措施,将生物安全防护水平(biosafety level,BSL)分为 4 级,以 BSL-1、BSL-2、BSL-3、BSL-4 表示实验室的相应生物安全防护水平。I 级防护水平最低,IV 级防护水平最高。

四、病原微生物实验室的分级

根据实验室对病原微生物的生物安全防护水平，依照实验室生物安全国家标准的规定，将实验室分为一级、二级、三级、四级。三级、四级实验室应当通过国家实验室认可。一级、二级实验室不得从事高致病性病原微生物实验活动。

1. BSL-1 实验室

实验室结构和设施、安全操作规程、安全设备适用于对健康成年人已知无致病作用的微生物（如大肠杆菌），如用于教学的普通微生物实验室等。

实验室设施和设备要求：①无需特殊选址，普通建筑物即可，但应有防止节肢动物和啮齿动物进入的设计。②每个实验室应设洗手池，宜设置在靠近出口处。③在实验室门口处应设挂衣装置，个人便装与实验室工作服分开放置。④实验室的墙壁、天花板和地面应平整、易清洁、不渗水、耐化学品和消毒剂的腐蚀。地面应防滑，不得铺设地毯。⑤实验台面应防水，耐腐蚀、耐热。⑥实验室中的橱柜和实验台应牢固，橱柜、实验台彼此之间应保持一定距离，以便于清洁。⑦实验室如有可开启的窗户，应设置纱窗。实验室内应保证工作照明，避免不必要的反光和强光，应有适当的消毒设备。

2. BSL-2 实验室

实验室结构和设施、安全操作规程、安全设备适用于对人或环境具有中等潜在危害的微生物（如麻疹病毒）。

实验室设施和设备要求：①实验室门带锁并可自动关闭。实验室的门有可视窗。②有足够的存储空间摆放物品以方便使用。在实验室工作区域外还应当有供长期使用的存储空间。③在实验室内使用专门的工作服，应戴乳胶手套。④在实验室的工作区域外有存放个人衣物的条件。⑤在实验室所在的建筑内配备高压蒸汽灭菌器，并按期检查和验证，以保证符合要求。⑥在实验室内配备生物安全柜。⑦应设洗眼设施，必要时应有应急喷淋装置。⑧应通风，如使用窗户自然通风，应有防虫纱窗。⑨有可靠的电力供应和应急照明。必要时，重要设备如培养箱、生物安全柜、冰箱等应设备用电源。⑩实验室出口应有在黑暗中可明确辨认的标识。

3. BSL-3 实验室

实验室结构和设施、安全操作规程、安全设备适用于主要通过呼吸途径使人传染上严重的甚至是致死疾病的致病微生物（如结核分枝杆菌、人类免疫缺陷病毒等）及其毒素。通常已有预防的疫苗。

实验室设施和设备要求：①满足 BSL-2 实验室要求。②应在建筑物中自成隔离区（有出入控制）或为独立建筑物。③应有符合安全和工作要求的 II 级和 III 级生物安全柜，安全柜送风选用循环式。④实验室内保持负压，保证气流方向从外向内。⑤实验室通过缓冲门与外界隔离，不能同时打开两扇门。⑥实验室的送风应经初、中、高三级过滤，保证污染区的静态洁净度达到 7 级到 8 级，实验室的排风应经高效过滤后向空中排放。⑦取出的实验室物品必须经过高压蒸汽灭菌或化学消毒剂消毒。

4. BSL-4 实验室

实验室结构和设施、安全操作规程、安全设备适用于对人体具有高度的危险性，通过气溶胶途径传播或传播途径不明，目前尚无有效的疫苗预防或治疗方法的致病微生物及其毒素。与上述情况类似的不明微生物(如黄病毒、埃博拉病毒等)，也必须在四级生物安全防护实验室中进行，带有充分数据后再决定此种微生物或毒素应在四级还是在较低级别的实验室中处理。

实验室应建造在独立的建筑物内或建筑物中独立的完全隔离区域内，该建筑物应远离城区。BSL-4 实验室根据使用的生物安全柜的类型和穿着防护服的不同，可以分为安全柜型、正压服型和混合型实验室。其实验室设施和设备要求除满足 BSL-3 实验室的要求外，另外还有更严格的要求。

五、生物安全柜(biosafety cabinet)

处理危险性微生物时所用的箱型空气净化安全装置。使用生物安全柜可以减少由于气溶胶暴露所造成的实验室感染以及培养物交叉污染。同时也能保护环境。生物安全柜的设计主要的是 HEPA 过滤器。HEPA 过滤器能够地截留所有已知传染因子，确保从柜中排出的是完全不含微生物的空气。生物安全柜经 HEPA 过滤的空气输送到工作台面上，从而保护工作台面上的物品不受污染。超净化工作台并不属于生物安全柜，不能应用于生物安全操作。

表 1-2 不同保护类型生物安全柜的防护作用

防护作用	生物安全柜的选择
针对危险度 1～3 级微生物的个体防护	I 级、II 级、III 级生物安全柜
针对危险度 4 级微生物个体防护	III 级生物安全柜
少量挥发性放射性核素 / 化学品的防护	II 级 B1 型生物安全柜，外排风式 II 级 A2 型生物安全柜
挥发性放射性核素 / 化学品的防护	I 级、II 级 B2 型、III 级生物安全柜

1. I 级生物安全柜(class I biosafety cabinet)

至少装置一个高效空气过滤器对排气进行净化，工作时柜正面玻璃推拉窗打开一半，上部为观察窗，下部为操作窗口。外部空气由操作窗吸进，而不可能由操作窗口逸出。工作状态时保证工作人员不受侵害，但不保证实验对象不受污染如图 1-4 所示。

2. II 类生物安全柜(class II biosafety cabinet)

至少装置一个高效空气过滤器对排气进行净化，工作空间为经高效过滤器净化的无涡流的单向流空气。工作时柜正面玻璃推拉窗打开一半，上部为观察窗，下部为操作窗口。外部空气由操作窗吸进，而不可能由操作窗口逸出。工作状态下遵守操作规程时既保证工作人员不受侵害，又保证实验对象不受污染。CLASS II 级生物安全柜根据结构以及气流分配不同主要是外排气流不同分为：A 型：(30％排在室内，如图 1-5。)；B1 型(70％接管道外排，如图 1-6。)；B2(100％接管道外排)；B3(30％接管道外排)。

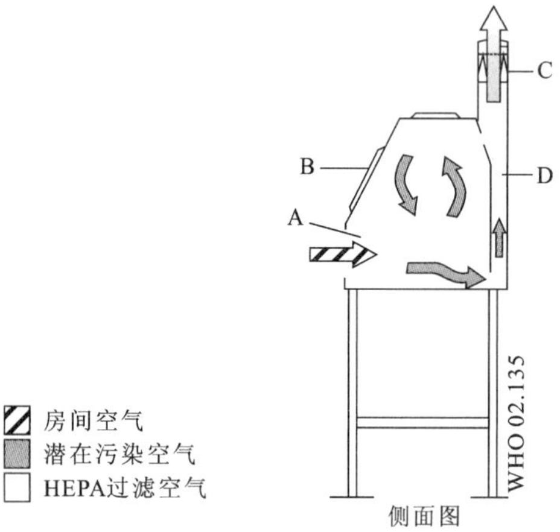

图 1-4　I 级生物安全柜原理图

A:前窗口;B:窗口;

C:排风 HEPA 过滤器;D:压力排风系统

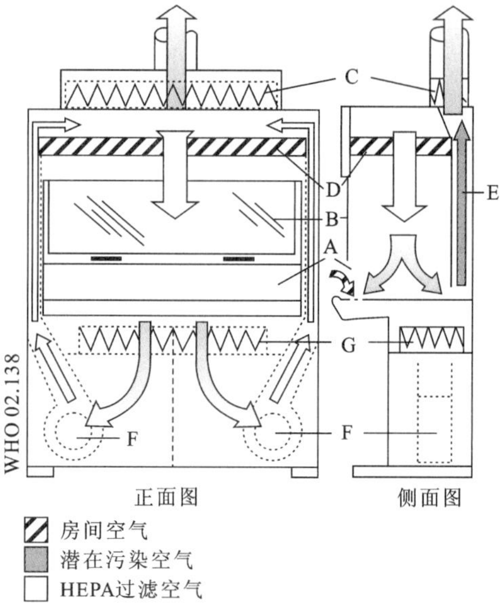

图 1-5　IIA 级生物安全柜原理图

A:前窗口;B:窗口;C:排风 HEPA 过滤器;

D:压力排风系统;E:供风 HEPA 过滤器;F:风机

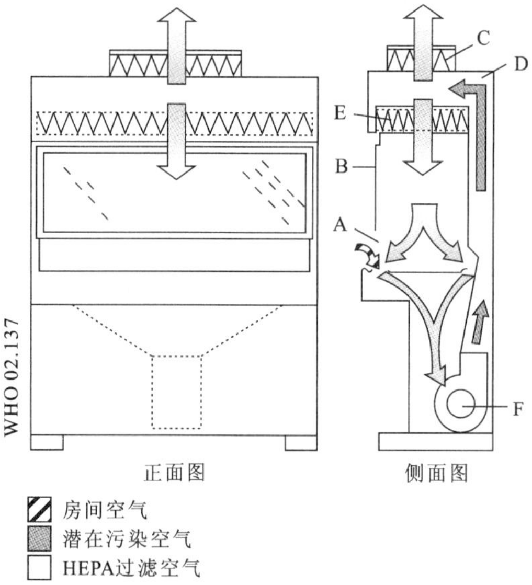

图 1-6　II B1 级生物安全柜原理图

A:前窗口;B:窗口;C:排风 HEPA 过滤器;

D:供风 HEPA 过滤器;E:压力排风系统;F:风机;G:送风 HEPA 过滤器

3. III 类生物安全柜(class III biosafety cabinet)

至少装置一个高效空气过滤器对排气进行净化,工作空间为经高效过滤器净化的无涡流的单向流空气。正面上部为观察窗,下部手套箱式操作口。箱内对外界保持负压可确保人体与柜内物品完全隔绝，如图 1-7 所示。

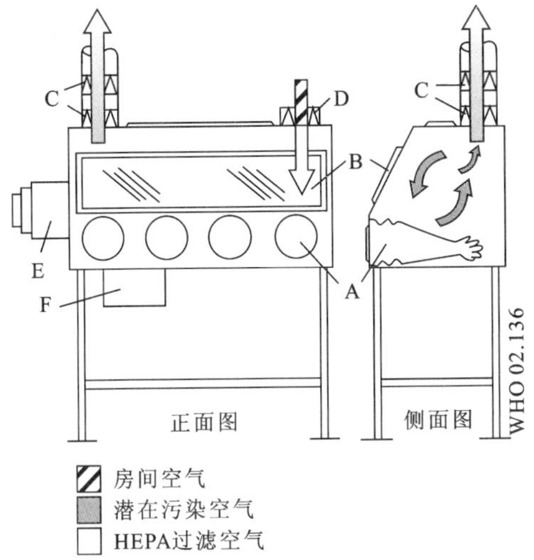

图 1-7　III 级生物安全柜原理图

A：连接等臂长手套窗口；B：窗口；C：二个排风 HEPA 过滤器；
D：送风 HEPA 过滤器；E：双开门高压灭菌器或传递箱；F：化学浸泡槽

（孙剑刚　朱蕤）

第二篇

细菌学实验基本技术

YI XUE WEI SHENG WU XUE
SHI YAN
JIAO CHENG

▶ 实验一　细菌的基本形态和特殊结构观察 ◀

【实验目的】

掌握和认识细菌的基本形态与特殊结构。

【实验原理】

细菌在适宜的环境条件下，保持着一定的形态和形成某些特殊结构。细菌有球形、杆状和螺形三种基本形态，有荚膜、鞭毛、芽孢、菌毛四种殊结构。细菌的形态是细菌生物学分类与鉴定的基础，位于菌体表面的荚膜、鞭毛和普通菌毛则与细菌的致病性和诱导机体产生免疫反应有关。而芽孢多是在外界理化因素的诱导下，在菌体内形成对外界抵抗力极强的休眠型特殊结构。在进行消毒灭菌时，常以是否杀死芽孢作为判断消毒灭菌效果的指标。

【实验材料】

(1) 显微镜、香柏油、擦镜纸、30%酒精乙醚。

(2) 细菌基本形态标本片、细菌特殊结构标本片。

球菌：葡萄球菌标本片。

杆菌：大肠埃希菌标本片。

弧菌：水弧菌标本片。

荚膜：肺炎双球菌荚膜标本片。

鞭毛：伤寒杆菌或变形杆菌鞭毛标本片。

芽胞：破伤风梭菌芽胞标本片。

【实验方法】

在标本片的正面滴加香柏油用显微镜油镜观察。认真观察和比较各种球菌、杆菌和弧菌的形态以及它们的区别、菌体的大小、排列方式及染色性。

【实验结果】

(1) 细菌的基本形态。

球菌：葡萄球菌经革兰染色后呈紫色，菌体呈球形，常堆积呈葡萄状，革兰染色阳性。

杆菌：大肠埃希菌经革兰染色后呈淡红色杆状，两端钝圆散在排列，革兰染色阴性。

弧菌：水弧菌经革兰染色后呈红色，菌体微弯呈弧形如逗点状散在排列，革兰染色阴性。

(2) 细菌的特殊结构：细菌的荚膜、鞭毛、芽孢等特殊结构必须通过特殊的染色方法才能观察，实验时要认真观察它们的形态特点、所在位置及染色性。

荚膜：肺炎链球菌，成双排列，革兰染色后菌体呈紫色，四周为不着色的透明圈即为荚膜。

鞭毛：伤寒杆菌或变形杆菌，菌体四周有鞭毛，经鞭毛染色后菌体和周鞭毛均染成红色或紫色。观察时要注意鞭毛的特点，如鞭毛的形态、数目及位置。

芽孢：破伤风梭菌，菌体细长其顶端可见一圆形芽孢，经芽孢染色后，菌体呈蓝色而芽孢则呈红色。观察时要注意芽孢的形状、颜色及所处位置。

【注意事项】

大肠埃希菌与水弧菌的形态区别。

【思考题】

（1）从形态上如何区别大肠埃希菌与水弧菌？

（2）认识细菌的特殊结构在医疗实践中的意义。

（万滋衡　朱薿）

▶ 实验二　细菌标本不染色检查 ◀

【实验目的】

熟悉细菌不染色标本的检查方法。

【实验原理】

应用不染色标本的检查方法可直接观察活细菌的态及运动方式。

【实验材料】

(1) 菌种:铜绿假单胞菌及葡萄球菌 6～18 h 肉汤培养物。

(2) 器具:显微镜、载玻片、凹玻片、盖玻片、接种环、酒精灯。

(3) 试剂:凡士林。

【实验方法与结果】

1. 悬滴法

1) 悬滴标本的制作

取洁净凹玻片和盖玻片各一张,沿凹玻片凹窝上方周围涂上少许凡士林。用接种环挑取数环铜绿假单胞菌肉汤培养物滴于盖玻片中央,同时将盖玻片翻转使滴有菌液一面朝上,再将凹玻片的凹窝对准滴有菌液盖玻片并覆盖于上,借凡士林的黏性将两者粘住。然后将粘着盖玻片的凹玻片再反转过来,菌液即悬于凹窝中心,同时用接种环柄轻压盖玻片使其与凹窝边缘粘紧,如图 2-1 所示。

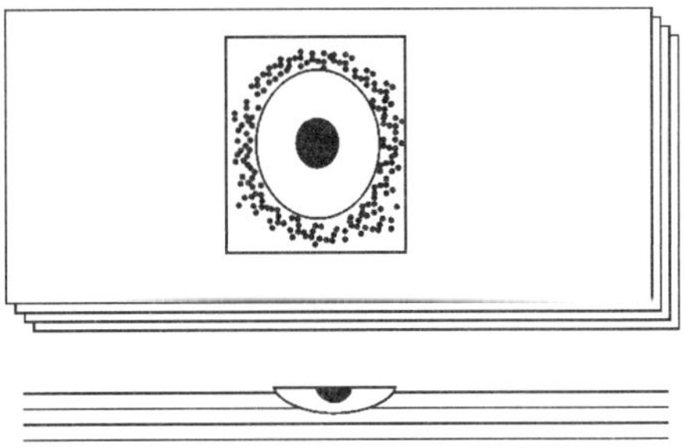

图 2-1　悬滴标本

上:正面;下:侧面

2) 显微镜观察

将集光器稍下降,使视野内光线变暗。用低倍镜找出悬滴的边缘,然后换用高倍镜观察悬滴内细菌的形态和运动方式。

3) 观察结果

铜绿假单胞菌有鞭毛,可向不同方向运动,速度较快且相互之间位移很大。葡萄球菌无鞭毛缺乏动力不能做定向运动,受水分子的撞击只能在一定范围内颤抖且位移不大,呈现出分子运动状态(即布朗运动)。

2. 压滴法

分别用接种环挑取数环铜绿假单胞菌或葡萄球菌肉汤培养物，放于载玻片中央，再轻轻地把盖玻片放置于液滴之上，尽量使玻片与盖玻片之间的液滴不产生气泡且液层越薄越好。镜检方法与悬滴法相同，操作较悬滴法简单，但标本容易干涸不能长时间观察。操作中注意不要将菌液压溢到盖玻片边缘外，避免污染。

【思考题】

(1) 细菌不染色标本检查观察到细菌的动力有何实际意义？

(2) 在显微镜下观察铜绿假单胞菌和葡萄球菌的运动方式有何不同？为什么？

（万滋衡　朱薿）

▶ 实验三　细菌标本染色检查 ◀

一、细菌单染色法

【实验目的】

(1) 熟悉细菌单染色法的操作步骤。

(2) 掌握细菌涂片标本的制作过程。

【实验原理】

用单一染料如美蓝、结晶紫、石炭酸复红稀释液等,对细菌涂片标本进行染色,使细菌染成单一颜色。单一染色法是细菌涂片标本染色最基本的染色方法,但这种染色法只能观察细菌的形态、大小,不能对细菌进行鉴别。

【实验材料】

(1) 菌种:大肠埃希菌、葡萄球菌 18～24 h 斜面或平板培养物。

(2) 染料:美蓝染液。

(3) 器具:接种环、酒精灯、生理盐水、载玻片、显微镜、香柏油、擦镜纸、30%酒精乙醚。

【实验方法与结果】

1. 涂片

取洁净玻片一张,将接种环于酒精灯火焰上方烧灼灭菌,待接种环冷却后取 1～2 环无菌生理盐水置于玻片上。再将接种环于酒精灯火焰上方烧灼灭菌,待接种环冷却后取少许大肠埃希菌或葡萄球菌培养物与生理盐水混匀,涂成直径约为 1 cm 大小的均匀薄膜。

2. 干燥

将玻片置于酒精灯火焰上方烘烤干燥,或置于空气中自然干燥。

3. 固定

涂片干燥后,将玻片来回在酒精灯火焰上通过三次,注意温度不能太高,玻片温度以玻片涂面的反面触及皮肤热而不烫为宜。

固定的目的是:

(1) 杀死细菌,使细菌蛋白凝固并牢固地黏附于玻片上,由于菌体蛋白凝固可保持细菌原有的形态与结构;

(2) 染色时不易被染液或水冲掉;

(3) 可改变菌体对染液的通透性,使所制涂片较易着色。

4. 染色

滴加 1～2 滴美蓝染液于涂片上,染 1 min 后用较小的流水将染液冲掉。

5. 吸干和镜检

涂片制作完成后用吸水纸吸干，用显微镜油镜观察染色结果。

【思考题】

(1) 观察细菌形态的涂片为什么要制得薄而均匀？

(2) 染液在涂片上停留的时间为什么不能过长或过短？

二、细菌革兰染色法

【实验目的】

掌握革兰染色的操作步骤和染色结果的临床意义。

【实验原理】

革兰染色与细菌细胞壁的组成成分和结构有关，革兰阳性菌(G^+)因细胞壁肽聚糖层厚并交联形成网状结构，结构致密且脂质含量少，脱色剂乙醇不易透入，阻止脱色剂的脱色作用。另外，网状结构经乙醇处理后发生脱水作用，致使该结构更为致密、通透性降低，结晶紫与媒染剂-碘形成的复合物不易外渗而保留结晶紫的原色即紫色。

革兰阴性菌(G^-)肽聚糖层薄而疏松，为平面片层结构，脂质含量多。经脱色剂乙醇作用后类脂被溶解，细胞壁的通透性增高，结晶紫与碘形成的复合物易被漏出细胞壁而脱色，经水洗后成无色，再经石炭酸复红稀释液复染成红色。

【实验材料】

(1) 染液：结晶紫、革兰碘液、95%酒精、石炭酸复红稀释液。

(2) 器具：牙签、其他同单染色法。

【实验方法】

1. 制片

(1) 涂片：在洁净无油脂的载玻片中央滴一滴无菌生理盐水，用牙签取牙垢少许与盐水充分混合，涂成一薄而均匀直径 1 cm 的菌膜。

(2) 干燥和固定：同单染色法。

2. 染色

(1) 初染：涂膜上滴加结晶紫染液染 1 min 后，用水洗去剩余的染料。

(2) 媒染：滴加卢戈碘 1 min 后水洗。

(3) 脱色：滴加 95%酒精，摇动玻片至不呈现紫色为止(约 0.5 min)，水洗。

(4) 复染：滴加石炭酸复红稀释液复染 1 min 后水洗。

(5) 吸水纸印干玻片上残留水分后，显微镜油镜检查。

【实验结果】

革兰阳性菌成紫色，革兰阴性菌成红色。

【注意事项】

(1) 涂片要求均匀，若厚、过薄因菌体分散不匀，将响染色结果。

(2) 脱色是革兰染色的关键步骤，时间过长脱色过度，使阳性菌染成阴性菌。反之，时间过短因脱色不彻底，阴性菌则染成阳性菌。

【思考题】

(1) 革兰染色有几个步骤？每个步骤用什么试剂？起什么作用？影响革兰染色的因素有哪些？关键步骤是什么？

(2) 细菌经革兰染色后，有的被染成紫色、有的被染成红色，为什么？

三、细菌特殊染色法

(一) 细菌荚膜染色法

【实验目的】

了解荚膜染色的原理与操作过程。

【实验原理】

荚膜是某些细菌细胞壁外一层粘液性物质，对染液亲和力极低不易着色，但可溶于水，在染色的过程中易被水冲洗掉。普通染色可见背景与菌体着色，而荚膜不着色，只能看到围绕菌体周围一圈未着色的透明圈(负染或称衬托染色)。用特殊染色法可使荚膜着色，并染成与菌体不同的颜色。荚膜较薄且含水多易变形，在制片时不能用加热的方法固定。

【实验材料】

(1) 菌种：感染肺炎链球菌小白鼠的血液或腹腔液。

(2) 染液：结晶紫饱和乙醇染液(结晶紫饱和乙醇 5 ml 与 95 ml 蒸馏水混合)、20%硫酸铜水溶液、石炭酸复红、碱性美蓝、媒染剂(升汞饱和液 2 份，20%鞣酸液 2 份，钾明矾饱和液 5 份混合而成)。

(3) 器具：同单染色。

【实验方法】

1. 黑斯(Hiss)法

(1) 用无菌棉签取人工感染肺炎链球菌小白鼠的血液或腹腔液涂片，置室温中自然干燥、固定。

(2) 滴加结晶紫染液，在火焰上略加热致冒气为止，倒去染液。

(3) 用 20%硫酸铜溶液将涂片上的染液洗去(切勿用水冲洗)，吸水纸吸干后镜检。

2. 密尔(Muir)法

(1) 涂片干燥、固定方法同上。

(2) 滴加石炭酸复红溶液于涂片上，染 1 min 并微加热后水洗。

(3) 加媒染剂于涂片上作用 30 s，水洗。

(4) 加碱性美蓝于涂片上染 1 min 水洗，自然干燥后镜检。

【实验结果】

(1) 黑斯(Hiss)法结果：菌体与背景呈深紫色，荚膜无色或淡紫色。

(2) 密尔(Muir)法结果:菌体呈鲜明红色,荚膜呈蓝色。

【思考题】

上述涂片经革兰染色后能否看到荚膜?

(二) 细菌芽孢染色法

【实验目的】

了解芽孢染色的原理及操作过程。

【实验原理】

芽孢具有折光性强、壁厚通透性低的特点,一般染液不易渗入且难以着色。但用着色力较强的石炭酸复红,在加热条件下,可使菌体和芽孢同时着色。但菌体与石炭酸复红染液结合不牢固,经水洗后被脱色。而芽孢通透性低,着色后染液很难被洗脱。用碱性美蓝复染后,芽孢仍保留红色,菌体则呈蓝色。

【实验材料】

(1) 菌种:破伤风梭菌 48~72 h 培养物。

(2) 染液:石炭酸复红、碱性美蓝、95%酒精。

(3) 器具:同单染色法。

【实验方法】

1. 涂片制作(同单染色法)

2. 染色

(1) 于涂片上滴加石炭酸复红,缓慢加热至染液产生蒸汽(不可煮沸),并开始计时维持 5 min。加热时要随时补充染液,不让涂片干燥。

(2) 待玻片冷却后,用水缓慢冲洗,直至涂片无色为止。

(3) 用 95%酒精脱色 2 min,水洗。

(4) 碱性美蓝复染 1 min 后水洗,干后镜检。

【实验结果】

芽孢为红色,菌体为蓝色。

【思考题】

芽孢染色为什么要加热? 若玻片上的染液被烘干时,能否立即补充染液?

(三) 细菌鞭毛染色法

【实验目的】

了解鞭毛的染色原理与操作过程。

【实验原理】

鞭毛的直径很小,需用电子显微镜观察,或经特殊染色法使鞭毛增粗着色后,才能在普通光学显微镜下看到。鞭毛经媒染剂(鞣酸)处理后,使鞭毛直径加粗,染液易吸附于鞭毛上形成沉淀并着色。

【实验材料】

(1) 菌种:变形杆菌 6～8 h 琼脂培养物。

(2) 染液:碱性复红、鞣酸、钾明矾、石炭酸。

(3) 器具:同单染色法。

【染液配制】

(1) 20%钾明矾饱和液 2 ml。

(2) 5%石炭酸溶液 2 ml。

(3) 20%鞣酸溶液 2 ml。

(4) 碱性复红 1.5 ml。将上述 1～3 液混均加热、振摇,并缓慢滴加第 4 液,直到完全溶解,过滤备用。

(5) 钾明矾必须加温完全溶解,否则染色效果不佳。

(6) 一般以新配好的染液染色,但新配制的染液和染色时间不能过长,否则染色时会出现黑色沉淀。

【实验方法】

(1) 玻片:要求用新载玻片,使用前在 95%酒精中浸泡 24 h 以上。从酒精中取出,以干净纱布擦干后备用。

(2) 菌种:要求用活跃生长期的细菌作鞭毛染色。对于冰箱保存的菌种,一般要连续移种 1～2 次,方可选用。①取新配制的营养琼脂斜面(表面较湿润、下部有少量冷凝水)接种,37 ℃培养 10～14 h 后,取斜面和冷凝水交界处细菌作染色菌种。②将菌种点种于新配制的 2%营养琼脂平板中央,培养 18～30 h,让菌种扩散生长。取远离接种点的细菌(不要取近离接种点的细菌)作染色菌种,离接种点近的菌,鞭毛细易脱落且菌体较短,离接种点远的细菌,鞭毛粗不易脱落,菌体较长。

(3) 菌液的制备:取平板细菌培养物混悬于盛有 1～2 ml 无菌双蒸水的平皿内,制成轻度混浊(6 亿～9 亿/ml 细菌)的悬液,置室温 10～15 min,使鞭毛膨大。

(4) 制片:用毛细滴管取一滴菌液于载玻片的一端,倾斜玻片使菌液缓缓流向另一端,使之成为均匀薄膜,置室温自然干燥。干后应尽快染色,不易放置时间过长。

(5) 染色:涂片干燥后,滴加鞭毛染色液覆盖于涂片 1～2 min,轻轻水冲,干后镜检。

【实验结果】

菌体深红色,鞭毛浅红色。

【思考题】

鞭毛染色前为什么要用鞣酸处理?染色菌种为什么要求用活跃生长期菌种?

四、细菌齐-尼抗酸染色法

【实验目的】

掌握抗酸染色的操作过程及意义。

【实验原理】

分枝杆菌属是一类细长略弯曲的杆菌，常有分枝生长的趋势，故名。因分枝杆菌细胞壁富含脂质，普通染色方法不易着色，需要在加热的条件下与石炭酸复红结合被着色，但着色后能抵抗酸性酒精的脱色，故又称抗酸杆菌。齐-尼抗酸染色法是鉴别结核杆菌的重要方法之一，结核杆菌经此法染色后菌体被染成红色，而非抗酸菌经酸性酒精处理后被脱色，经美兰复染后菌体呈兰色。

【实验材料】

(1) 菌种：卡介苗(BCG)菌液。

(2) 染液：石炭酸复红、3%盐酸酒精、碱性美蓝。

(3) 器具：木夹、接种环、酒精灯、生理盐水、载玻片、显微镜、香柏油、擦镜纸、30%酒精乙醚。

【实验方法】

(1) 制片

涂片、干燥、固定同单染色法。

(2) 初染

用木夹夹住待染色载玻片的一端，手持木夹柄。将石炭酸复红滴加于涂膜部位，于酒精灯火焰高处徐徐加热直至有蒸汽出现，但不能煮沸。当染液因蒸发减少时，应将载玻片离开火焰并滴加补充染液，注意防止干燥和玻片断裂。维持加热 3～5 min 后移开，待冷却后水洗。

(3) 脱色

将 3%盐酸酒精滴加于涂膜部位，倒掉、再加 3%盐酸酒精如此重复 2～3 次，直至涂片无色(约 1～2 min)，水洗。

(4) 复染

滴加碱性美蓝于涂膜部位复染 1 min，水洗。用吸水纸印干，油镜检查。

【实验结果】

结核杆菌染成红色，而非抗酸菌及其他细菌则染成蓝色。

【思考题】

假如在呼吸道分泌物标本中检出抗酸杆菌有什么临床意义？

五、墨汁负染色法(新生隐球菌荚膜染色法)

【实验目的】

了解新生隐球菌的负染色检查法。

【实验原理】

新生隐球菌的外周有宽厚的荚膜，比菌体大 1～3 倍且折光性强，一般染色法不易着色。但在墨汁黑色背景下，由于菌体的折光在黑色背景下可见到透亮的菌体和宽厚的荚膜。

【实验材料】

新生隐球菌标本(脑脊液、痰、脓)、墨汁、载玻片、盖玻片、光学显微镜。

【实验方法】

(1) 取精致墨汁(优质墨汁用滤纸过滤 2～3 次即可)一小滴于洁净载玻片上,加新生隐球菌标本在玻片上与墨汁混匀,盖上盖玻片并轻压一下,使墨汁与标本的混合液变薄。

(2) 置低倍镜下观察。

【实验结果】

墨汁复染色法背景为黑色,新生隐球菌菌体不着色呈透明状。镜下新型隐球菌菌体为圆形或卵圆形,菌体外有一宽厚的荚膜偶见芽生孢子。

【思考题】

请描述新生隐球菌墨汁负染色显微镜下的形态特点。

(万滋衡 朱巍)

▶ 实验四　细菌基础培养基的制备 ◀

一、液体培养基的制备

【实验目的】

了解液体培养基制作的过程与方法。

【实验材料】

(1) 试剂:牛肉膏、蛋白胨、氯化钠、10%氢氧化钠、蒸馏水。

(2) 器具:天平、烧杯(1 000 ml)、三角瓶(200 ml)、量筒(500 ml)、玻璃棒、pH 试纸、刻度吸管(2 ml)、电磁炉、滤纸、玻璃漏斗、棉塞、牛皮纸(或报纸)、线索。

【实验方法与结果】

(1) 称取牛肉膏 1.5 g、蛋白胨 5 g、氯化钠 2.5 g 于烧杯内,再加入 500 ml 蒸馏水,用玻璃棒搅拌溶解或在电磁炉上加热促其溶解。

(2) 矫正酸碱度至 pH7.60,煮沸 10 min 后补充失去的水量,冷却后用滤纸滤清。

(3) 将配制好的液体培养基分装于三角瓶(200 ml)内,每瓶 100 ml,塞好棉塞将牛皮纸(或报纸)包住瓶口再用线索捆紧。

(4) 将分装好液体培养基置于高压蒸汽灭菌器内,121.3 ℃、15 min 灭菌。

【思考题】

培养基为什么要调试酸碱度和进行高压蒸汽灭菌?

二、固体培养基的制备

【实验目的】

了解固体培养基和斜面培养基的制作过程与方法。

【实验材料】

(1) 试剂:液体培养基、琼脂。

(2) 器具:无菌洁净大试管、无菌培养皿,其他器具同液体培养基。

【实验方法与结果】

(1) 于 100 ml、pH7.60 的液体培养基中加入 2～3 g 琼脂加热溶化,矫正酸碱度至 pH7.60,然后置于高压蒸汽灭菌器内 121.3 ℃、15 min 灭菌。

(2) 如需制成琼脂平板,将上述灭菌后的培养基待琼脂溶化后,冷至 50 ℃左右时,以无菌操作倾入无菌的培养基内,冷凝后即成。

(3) 如需制备琼脂斜面培养基,将肉汤琼脂融化分装试管内,灭菌后趁热将试管斜置,冷凝后即成。也可将肉汤琼脂融化分装无菌试管内,斜置冷凝后即成。

【思考题】

(1) 琼脂在培养基中有什么作用,是不是培养基中的营养成分?

三、半固体培养基的制备

【实验目的】

了解半固体培养基的制作过程与方法。

【实验材料】

(1) 试剂:液体培养基、琼脂。

(2) 器具:小试管,其他器具同液体培养基。

【实验方法与结果】

(1) 于 100 ml 肉汤内加入 0.3～0.5 g 琼脂,加热熔化。

(2) 分装小试管(约 1/3 高度),塞好棉塞,置于高压蒸汽灭菌器内,121.3 ℃、15 min 灭菌后直立冷凝即成。

【思考题】

1. 半固体培养基主要用途是什么?

(万滋衡　朱薿)

▶ 实验五　细菌的分离接种技术 ◀

一、细菌的分离接种

（一）琼脂平板划线接种法

【实验目的】

了解通过琼脂平板划线分离细菌以获得纯培养的方法。

【实验原理】

平板培养基具有较大的表面积，可从临床标本或其它检查材料中，通过划线分离、培养出纯种细菌（单个菌落），并进行鉴定。

【实验材料】

（1）菌种：大肠埃希菌、葡萄球菌。

（2）器具：营养琼脂平板、酒精灯、接种环、恒温培养箱。

【实验方法与结果】

1. 连续划线法

当检查材料中含菌量较少时可用此法。先将接种环用火焰灭菌，待冷却后挑取检查材料，涂于平板的上端，随即向下连续平行划线至平板的中部，然后将平板旋转180°，由平板的另一端连续平行划线至平板的中部（见图5-1a）。划线时接种环与平板表面所成的角度要小，以免划破琼脂。划线要密而不重复，充分利用平板的表面。

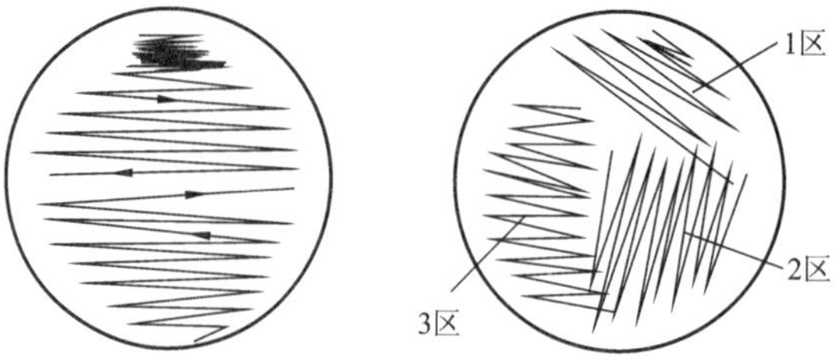

（a）连续划线法　　（b）分段划线法

图5-1　平板划线接种法

2. 分段划线法

当检查材料中含菌量较多时可用此法，以求获得单一孤立的菌落。先将检查材料涂于平板上端后，然后将接种环用火焰灭菌，冷却后使接种环通过已涂于平板上端的接种材料划线于"1"区，见图5-1b。再将接种环火焰灭菌，待冷却后再划线于"2"区。同法再划线于"3"区。可根据菌量的不同，决定分段的数目。

划线完毕，先盖好平板，再将接种环上残留的细菌用火焰灭菌。在平皿底面用记号笔写上班级、学号和材料号，然后使平皿底面向上，放 37 ℃温箱培养 18～24 h 后，可观察有无单一菌落生长，每个菌落即为单一纯种细菌。一般病原菌的菌落数少于杂菌，故在分离培养时，应力求出现较多的单一孤立菌落，以提高病原菌的检出率。

（二）液体培养基接种法

【实验目的】

了解液体培养基在增菌和观察细菌生化反应方面的应用。

【实验原理】

各种肉汤、蛋白胨水、单糖发酵管等液体培养基，均用此法进行接种。肉汤可以增加纯种细菌的数量（增菌），其他生化反应培养基可以观察不同细菌的生化反应特点，供细菌鉴定之用。

【实验材料】

（1）菌种：大肠埃希菌、葡萄球菌。

（2）器具：肉汤液体培养基、蛋白胨水、单糖发酵管、酒精灯、接种环、恒温培养箱。

【实验方法与结果】

（1）右手执笔式握住接种环，在酒精灯火焰上烧灼灭菌，冷却后用接种环挑取单个菌落。

（2）左手拇指、食指、中指托住液体培养基之下端，右手小指和无名指（或手掌）拔取试管塞，将管口移至火焰上旋转烧灼。

（3）将沾有细菌的接种环移入液体培养基管中，在液体偏少侧接近液面的管壁上轻轻研磨，沾取少许液体与之调和，使菌液混合于培养基中，如图 5-2 所示。

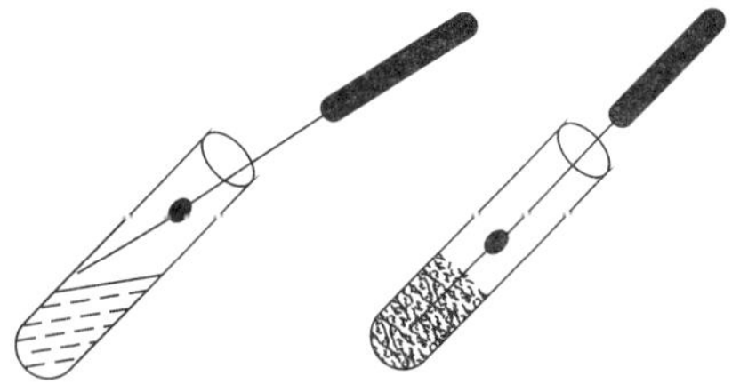

图 5-2　液体（左）及半固体（右）培养基接种法

（4）培养基管口通过火焰烧灼灭菌后，塞好试管塞。再将接种环火焰烧灼灭菌冷却后，插入试管架中。培养基放 37 ℃温箱孵育 18～24 h 后，取出观察细菌生长情况。

（三）半固体穿刺接种法

【实验目的】

了解半固体培养基在观察细菌动力方面的应用。

【实验原理】

半固体培养基因琼脂含量少，培养基的黏度低，有鞭毛的细菌可在其中游动，沿穿刺线呈羽毛状或云雾状生长。没鞭毛的细菌则沿穿刺线生长。

【实验材料】

(1) 菌种：大肠埃希菌、葡萄球菌。

(2) 器具：半固体培养基、酒精灯、接种环、培养箱。

【实验方法与结果】

(1) 以无菌操作要求，用接种针挑取单个菌落，立即垂直插入培养基中心至接近管底处循原路退回，如图 5-2 所示。

(2) 管口通过火焰烧灼灭菌后，塞上棉塞，接种针灭菌后放下。培养基置试管直立并置 37 ℃温箱孵育 18～24 h 后，对光观察穿刺线上细菌有无向周围扩散生长，穿刺线是否清晰等生长现象。

（四）斜面培养基接种法

【实验目的】

了解斜面培养基用途。

【实验原理】

斜面培养基常用于扩大纯种细菌及实验室保存菌种。

【实验材料】

(1) 菌种：大肠埃希菌、葡萄球菌。

(2) 器具：斜面固体培养基、酒精灯、接种环、恒温培养箱。

【实验方法与结果】

(1) 以无菌操作法用接种环挑取单个菌落，自斜面底向上划一直线，然后再从底向上轻轻来回作蜿蜒划线，如图 5-3 所示。

(2) 管口通过火焰烧灼灭菌后塞上棉塞，接种环烧灼后方可放下。培养基置 37 ℃温箱孵育 18～24 h，取出观察斜面上菌苔生长情况。

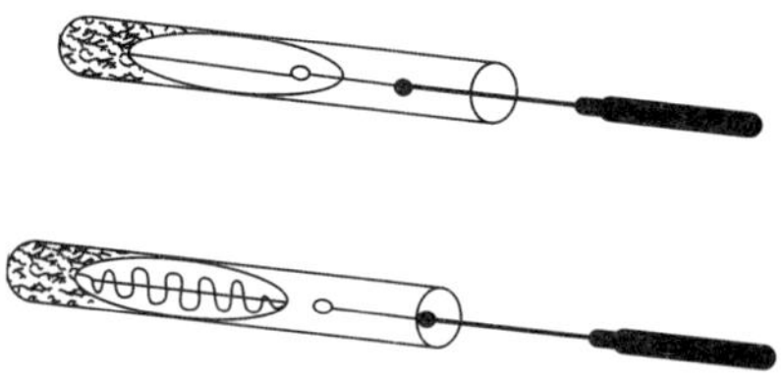

图 5-3 斜面培养基接种法

二、细菌生长现象观察

【实验目的】

认识细菌在不同培养基上的生长现象。

【实验原理】

细菌种类不同,在培养基上的生长状况也不相同。通过观察细菌生长状况,有助于鉴定细菌。

【实验材料】

细菌在普通琼脂平板、肉汤培养基、半固体培养基、斜面培养基中的18～24 h培养物。

【实验方法与结果】

(1) 琼脂平板上菌落观察:一个细菌在固体培养基上,经过一定时间的生长繁殖之后,所形成的肉眼可见的细菌集团,称为菌落。很多菌落连在一起,融成一片,称为菌苔。由于细菌种类不同,以及培养基的成分不同,形成的菌落的特点也不同,可呈现一定的形态、色泽等,有助于鉴别细菌。因此,应当对菌落进行认真观察。其观察要点如下:

· 大小:以直径(mm)表示之,1 mm左右为小菌落,2～3 mm为中等大菌落,3 mm以上为大菌落。

· 形成:圆形、卵圆形及不规则形。

· 边缘:整齐或不整齐、锯齿状、毛发状等。

· 表面:光滑、湿润、皱纹、干燥等。

· 隆起度:扁平、凸起、中心凹陷等。

· 透明度:透明、半透明、不透明。

· 颜色:无色、白色、黄色等。

· 溶血性:在血平板上产生溶血毒素的细菌,可以使培养基中的红细胞破坏溶解,可分为完全溶血、草绿色溶血及不溶血。

根据菌落的特点,可分为光滑型(S型)菌落和粗糙型(R型)菌落。S型菌落为圆型、边缘整齐,表面光滑、湿润。R型菌落与之相反。

(2) 斜面培养基上生长状态观察:可见有均匀一致的菌苔,如有不同的菌落出现,则表明污染了杂菌。

(3) 液体培养基中生长状态观察:示培养前的液体培养基多为清彻透明的。接种细菌后,由于细菌种类不同,可有以下三种生长形式。

· 混浊:液体变为混浊。

· 菌膜:液体澄清,表面有一薄膜。

· 沉淀:管底有沉淀物。

(4) 半固体培养基中生长状态观察:无鞭毛(无运动)的细菌,经培养后仅沿穿刺线生长,培养基清亮。有运动的细菌,沿穿刺线向外扩散,穿刺线摸糊不清,培养基混浊。

【思考题】

(1) 琼脂平板培养基上出现的菌落,你如何识别是接种上去的,还是杂菌污染?

(2) 细菌的分离培养可用什么方法?各有何用途?

(3) 通过划线分离培养后获得的单个菌落,是一种或多种细菌?为什么?

(4) 斜面培养基能分离细菌吗,它的主要用途是什么?

(万滋衡　朱薿)

▶ 实验六　微生物菌种保藏 ◀

微生物菌种保藏要求菌种能长期存活，生物学性状不发生变异，菌种的新陈代谢处于最低水平或休眠状态。菌种是细菌、真菌、放线菌试验中不可缺少的材料，但又是具有传染性的生物因子。因此，为了实验安全对菌种必须妥善保管。

一、传代保存法

【实验材料】

(1) 菌种：葡萄球菌、肠道杆菌、链球菌、肺炎链球菌、脑膜炎奈瑟菌等。

(2) 培养基：普通琼脂斜面培养基、血液琼脂斜面培养基、鸡蛋斜面培养基。

(3) 恒温培养箱、冰箱。

【实验材料与结果】

(一) 琼脂保存法

1. 普通琼脂斜面保存法

对营养要求不高的一般细菌如葡萄球菌、肠道杆菌等，可接种于普通琼脂斜面上，经37 ℃培养 18～24 h 后用橡皮塞塞紧，存放于 4 ℃冰箱中，一般可保存数月。

2. 血液琼脂斜面保存法

链球菌及肺炎链球菌等对营养要求较高的细菌应接种于血液琼脂斜面上，37 ℃培养后，放 4 ℃冰箱保存。链球菌须半个月至一个月接种一次，肺炎链球菌则须 3 个月移种一次。

3. 鸡蛋斜面保存法

将细菌接种于鸡蛋斜面上(鸡蛋斜面的成分与制备见附录)，经 37 ℃培养 18～24 h 后，加无菌液体石蜡至斜面上，再超出约 1 cm，置 4 ℃冰箱，可保存 3～6 个月。

(二) 半固体穿刺保存法

将细菌穿刺接种于琼脂半固体或血清琼脂半固体内，经 35 ℃培养 18～24 h，再以无菌手续加入灭菌液体石蜡约 1 cm 厚度，移放于 4 ℃冰箱中保存。琼脂半固体适于肠道杆菌及葡萄球菌等一般细菌的保存，血清琼脂半固体适于链球菌、肺炎链球菌及脑膜炎奈瑟菌的保存。

二、冷冻真空干燥保存法

【实验材料】

(1) 安瓿管:安瓿管的大小,根据抽真空的多歧管上锥形短管的直径大小而定,要求以中性玻璃为宜,安瓿管清洗见常用器皿的处理。

(2) 保护剂:常用的有:脱脂牛奶(或用 10%~20%脱脂奶粉)、马血清、马血清加 7.5%葡萄糖(或血清 400 ml,葡萄糖 30 g)、10%脱脂奶粉加 1%谷氨酸钠等。

(3) 细菌悬液:将灭菌的保护剂 3 ml 加入每只 15 mm×15 mm 试管斜面培养物中,并用接种环将菌苔轻轻划动、混匀,分装于安瓿管中,每管 0.2 ml。

(4) 真空泵。

【实验方法与结果】

1. 预冻

将分装好的安瓿管在-25~-40 ℃之间的干酒精中进行预冻,1 h 后即可抽气进行真空干燥。

2. 真空干燥

预冻以后,安瓿管放入真空器中开动真空泵,进行干燥。当采用无制冷设备的冻干装置时,在开动真空泵后,应使真空度在 15 min 内达到 66.661 Pa,随后逐渐达到 26.664~13.332 Pa。

3. 真空下密封

封管前将安瓿管放入歧管。抽真空至 13.332 Pa。

4. 保存

冻干后并在真空下密封的安瓿,放置 4~6 ℃保存。保存 1 周后,随机取出每个菌株中任一安瓿,检查是否存活。

5. 复苏培养

先开启安瓿,加少量(一般为 0.5 ml)无菌生理盐水,或培养该菌所适宜的液体培养基,将冻干物溶化,待全部溶化后将此液轻轻摇动,使重新悬浮,然后移植于该菌所适宜的斜面培养基或琼脂平板培养基上。

三、液氮超低温冻结保存法

【实验材料】

(1) 菌种:将欲冻存的菌种经适宜培养。

(2) 安瓿:清洗、灭菌同上。

(3) 保护剂:可有多种,如羊(兔)全血、10%(20%)甘油、5%(10%)二甲基亚砜。

(4) 器皿与试剂:无菌吸管、无菌蒸馏水、无菌生理盐水。

【实验方法】

1. 细菌悬液的制备

将细菌培养物以无菌盐水洗下，加等量保护液混匀。也可用保护液直接洗下制成菌悬液。

2. 分装、冻结、保存

（1）分装：用无菌吸管吸取菌悬液分装安瓿，每支容量 2 ml 的安瓿可分装 0.5 ml。

（2）冻结：根据欲冻结保存的菌种所适宜的冷却速度，选择慢速冻结或快速冻结。

（3）保存：液氮超低温冰结，保存于气相或液相。

3. 解冻、复苏、培养

菌种经超低温冻结保存后，使用时从液氮中取出，即刻放 38 ℃水浴中使其融化。安瓿开启后，用接种环将菌液接种于该菌所适宜的斜面上培养即可。

四、菌种保管的注意事项

（1）菌种应由指定的专人负责保管，并由部门负责人经常督促检查。工作调动时，应及时作好全面交接工作。

（2）菌种应存放于安全的地方，所用冰箱冰柜应加锁。

（3）移种传代时，必须在无菌室或接种罩内进行，以防污染。

（4）菌种必须每种设一记录卡，其内容包括：菌种名称、菌种号、来源、分离日期、鉴定日期、鉴定者、鉴定结果、传代情况及所用培养基、保存方法、温度、使用转移及销毁情况、保存者、部门负责人等。

（5）所保存的菌种应于规定时间定期移种每移种三代作一次鉴定。干燥菌种时，应于干燥前先行鉴定。如发现污染或变异，应及时处理。

（6）用培养基保存菌种时，应有两套，一套供保存传代用，另一供日常使用时引种用。

（7）菌种保存范围，转移和销毁，以及对甲类和乙类菌种的保存和输送，必须严格遵守卫生部规定。

（8）增减菌种的试管和干燥菌种的安瓿上应贴纸签或胶布签，写明编号和菌名及日期，切勿用玻璃铅笔书写，以免字迹模糊发生错误。

（万滋衡　朱蕿）

▶ 实验七　细菌的生化鉴定 ◀

【实验目的】

(1) 掌握几种常用的细菌生化试验的基本原理和实验方法。

(2) 了解糖发酵试验、吲哚试验、甲基红试验、V-P 试验、枸橼酸盐利用试验、硫化氢试验、尿素分解试验的试验结果判断和试验用途。

一、糖发酵试验

【实验原理】

各种细菌的酶系统不同，发酵糖的能力各异，产生的分解产物亦不相同，有的只产酸，有既产酸又产气，这些生化反应可协助鉴别细菌，尤其在肠道细菌的鉴定中经常使用。

【实验材料】

(1) 菌种：大肠埃希菌、伤寒沙门菌琼脂斜面培养物。

(2) 培养基：葡萄糖、乳糖发酵管(内放倒置的德汉小管)。

(3) 器具：接种环、酒精灯、试管、恒温培养箱。

【实验方法】

(1) 用记号笔在各试管外壁上分别标明发酵培养基名称和所接种的细菌菌名。

(2) 取葡萄球菌发酵管 3 支，分别接入大肠埃希菌、伤寒沙门菌，第三支不接种，作为阴性对照。另取乳糖发酵管 3 支，同样分别接种入大肠埃希菌、伤寒沙门菌，第三支不接种，作为阴性对照。

(3) 将接种过和作为对照的 6 支试管均置 37 ℃培养 24～48 h。

(4) 观察各试管颜色变化及德汉小管中有无气泡。

【实验结果】

若细菌分解糖类产酸，则使指示剂变色为黄色，用符号“＋”表示；若分解糖类产酸又产气，倒置小管中集有气泡，用符号“⊕”表示；若不能分解糖类，指示剂不变色，用符号“－”表示。

【注意事项】

实验操作过程中要严格无菌操作。

二、吲 哚 试 验

【实验原理】

有些细菌能分解色氨酸，生成无色吲哚，当加入吲哚试剂(含对二甲基氨基苯甲醛)后，可与之结合形成红色的玫瑰吲哚。

【实验材料】

(1) 菌种:大肠埃希菌、产气杆菌琼脂斜面培养物。

(2) 培养基:蛋白胨水培养基。

(3) 试剂:吲哚试剂。

(4) 器具:接种环、酒精灯、恒温培养箱。

【实验方法】

(1) 分别接种大肠埃希菌、产气杆菌于 2 支蛋白胨水培养基。

(2) 37 ℃培养 48 h 取出,每管沿管壁各加靛基质试剂 0.5～1 ml 于培养液面上,待 1～2 min 后观察结果。

【实验结果】

两者接触面呈现玫瑰红色环者为吲哚试验阳性,仍呈黄色者为阴性。

三、甲基红试验

【实验原理】

大肠埃希菌可分解葡萄糖产生丙酮酸,丙酮酸进一步分解形成甲酸、乙酸、乳酸等,使培养基的 pH 值下降至 4.5 以下或更低,加入甲基红指示剂由橘黄色(pH6.3)转变为红色(pH4.2),是为甲基红试验阳性。

【实验材料】

(1) 菌种:大肠埃希菌、产气杆菌琼脂斜面培养物。

(2) 培养基:葡萄糖磷酸盐蛋白胨水培养基。

(3) 试剂:甲基红指示剂。

(4) 器具:接种环、酒精灯、恒温培养箱。

【实验方法】

(1) 分别接种大肠埃希菌、产气杆菌于 2 支葡萄糖磷酸盐蛋白胨水培养基中。

(2) 37 ℃培养 2～3 d 后取出,分别滴加甲基红指示剂 2～3 滴,轻轻摇匀立即观察培养基内是否出现颜色改变。

【实验结果】

阳性者呈红色,阴性者呈橘黄色。

四、V-P 试验

【实验原理】

V-P(Voges-Proskauer)试验是用来鉴别大肠埃希菌和产气杆菌,产气杆菌可使分解葡萄糖后产生的丙酮酸脱羧变为中性的乙酰甲基甲醇,在碱性条件下能被空气中的氧气氧化成二乙酰,二乙酰与蛋白胨中的精氨酸的胍基作用,生成红色化合物,即 V-P 试验阳性。

【实验材料】

(1) 菌种：大肠埃希菌、产气杆菌琼脂斜面培养物。

(2) 培养基：葡萄糖磷酸盐蛋白胨水培养基。

(3) 试剂：40% KOH 溶液、5% α 一萘酚酒精溶液。

(4) 器具：接种环、酒精灯、恒温培养箱。

【实验方法】

(1) 用接种针将大肠杆菌、产气肠杆菌分别接种于 2 支葡萄糖蛋白胨水培养基置 37 ℃培养 2 d。

(2) 培养 2 d 后，将另一支葡萄糖蛋白胨水培养物内加入 5～10 滴 40% KOH，然后加入等量的 5% α-萘酚溶液，用力震荡，再放入 37 ℃温箱中保温 15～30 min 后观察结果。

【实验结果】

若培养物呈红色者为 V-P 试验阳性。不变色为阴性。

五、枸橼酸盐利用试验

【实验原理】

枸橼酸盐培养基中仅含无机盐及唯一有机物，即枸橼酸盐。一般细菌能利用磷酸二氢铵作为碳源，但不一定能分解枸橼酸盐而取得碳源。因此，可利用枸橼酸盐，能将不同细菌鉴别，凡是能利用枸橼酸盐者，就能在本培养基上生长形成菌落，并使培养基的 pH 变为碱性，溴麝香草酚蓝(pH 值小于 6 时呈黄色，pH 值在 6～7 时为绿色，pH 大于 7.6 时呈蓝色)指示剂由绿色变为蓝色，为枸橼酸盐利用试验阳性。反之，不变色者为阴性。

【实验材料】

(1) 菌种：大肠埃希菌、产气杆菌琼脂斜面培养物。

(2) 培养基：枸橼酸盐培养基。

(3) 器具：接种环、酒精灯、恒温培养箱。

【实验方法】

(1) 分别接种大肠埃希菌、产气杆菌于 2 支枸橼酸盐培养基上。

(2) 37 ℃培养 24 h 取出观察结果。

【实验结果】

有菌落出现且培养基由绿色变为深兰色为枸橼酸盐利用试验阳性。反之，不变色者为阴性。

六、硫化氢试验

【实验目的】

了解硫化氢试验的原理以及在肠道菌鉴定中的应用。

【实验原理】

有些细菌能分解含硫氨基酸(如胱氨酸、半胱氨酸),生成硫化氢。硫化氢遇培养基内铁盐(或铅盐),则形成黑色的或硫化铁(或硫化铅)沉淀物。

【实验材料】

(1) 菌种:大肠埃希菌、变形杆菌琼脂斜面培养物。

(2) 培养基:枸橼酸铁(或醋酸铅)琼脂培养基。

(3) 器具:接种环、酒精灯、恒温培养箱。

【实验方法】

(1) 分别接种大肠埃希菌、产气杆菌于 2 支枸橼酸盐培养基上。

(2) 37 ℃培养 18～24 h 后对光观察结果。

【实验结果】

沿穿刺线部位呈现黑褐色为阳性,不变色者为阴性。

七、尿素分解试验

【实验目的】

了解尿素分解的原理及其在肠道杆菌鉴定中的意义。

【实验原理】

某些细菌具有尿素分解酶能分解尿素形成大量氨,使培养基 pH 值上升呈碱性,酚红指示剂呈现红色,即为阳性反应。

【实验材料】

(1) 菌种:大肠埃希菌、变形杆菌琼脂斜面培养物。

(2) 培养基:尿素培养基。

(3) 器具:接种环、酒精灯、恒温培养箱。

【实验方法】

(1) 分别接种大肠埃希菌、产气杆菌于 2 支尿素培养基中。

(2) 37 ℃培养 18～24 h 后观察结果。

【实验结果】

培养基变为红色,即尿素分解试验阳性,若不变色,即为尿素分解试验阴性。

【思考题】

(1) 怎样正确判断细菌糖发酵试验的结果?

(2) 在吲哚试验操作中应注意什么?

(3) 用单一的 V-P 试验是否可以鉴别大肠埃希菌和产气杆菌?

(4) 通常把吲哚(I)、甲基红(M)、V-P(V)、枸橼酸盐利用(C)四种试验称为 IMViC 试验,常用于鉴别哪两种细菌? 为什么?

(5) 仅根据一种生化反应的结果能否将不同的两种细菌区分? 为什么?

(万滋衡　朱薿)

▶ 实验八　正常人体及环境中细菌的检查 ◀

【实验目的】

空气、污水、土壤、人体皮肤以及与外界相通的腔道均有大量的细菌存在。通过本实验了解细菌在自然界及人体的分布情况，增强对传染性疾病的认识，加强消毒、灭菌和无菌操作的观念。

一、手指、皮肤消毒前后的细菌学检查

【实验材料】

(1) 琼脂平板培养基。

(2) 无菌生理盐水、75%酒精、2.5%碘酒、无菌棉拭、恒温培养箱等。

【实验方法与结果】

(1) 以无菌棉拭在无菌生理盐水内浸湿后，于手指或前臂皮肤上涂擦数次，再将棉拭涂予琼脂平板的1/2部分。

(2) 用肥皂及流水刷洗双手。或以棉拭蘸2.5%碘酒及75%酒精消毒皮肤后，再按上述步骤将无菌棉拭在无菌生理盐水内浸湿，涂擦皮肤，并涂布于另一半琼脂平板表面。

(3) 37 ℃恒温箱内培养24 h，取出观察结果。比较皮肤消毒前后细菌分布情况，并作涂片，革兰染色，检查生长细菌的种类。

二、咽拭子培养

【实验材料】

(1) 无菌棉拭。

(2) 血琼脂平板培养基。

(3) 革兰染液、光学显微镜、恒温培养箱等。

【实验方法与结果】

(1) 用无菌棉拭从鼻咽部黏膜上取材(取材时应尽可能避免受口腔内细菌污染)。直接用棉拭将材料涂抹于血琼脂平板的一侧，再用接种环分区划线接种。

(2) 37 ℃恒温培养箱培养18～24 h后取出，观察血琼脂平板上生长的菌落，注意其形态、大小、颜色及菌落周围有无溶血现象等。

(3) 分别取不同的菌落涂片，革兰染色后镜检。如发现可疑致病菌，再作纯分离培养，进一步鉴定。

三、空气、污水与土壤中的细菌检查

【实验材料】

(1) 普通琼脂平板、恒温培养箱等。

(2) 污水、土壤。

【实验方法与结果】

(一) 空气中细菌数的检查

取营养琼脂平板一个,选择室内任何地点,将平板打开,暴露于空气中 10 min,然后盖好,注明地点、班组,置 37 ℃恒温培养箱内培养 24 h 后观察结果。计数琼脂平板上生长的菌落数。根据 5 min 内在 100 cm^2 面积上降落的细菌数约等于 10 L 空气中所含菌数的估计,按公式计算:

每立方米(m^3)空气中细菌数=500 N/At

A:所用平皿面积(cm^2)

t:平皿暴露于空气中的时间(min)

N:培养后,平皿上生长菌落数

(二) 污水中细菌数的检查

(1) 用无菌吸管吸取自来水及未净化消毒处理的污水各 1 ml,分别放入 2 个无菌的空平皿内。(注:污染严重的污水,须用无菌生理盐水适当稀释后进行检查。)

(2) 将已融化并冷至约 45 ℃左右(手握琼脂管感觉热而不烫手)的营养琼脂,倾注入平皿,轻轻摇动,使与水样混和均匀,静置桌面,待琼脂凝固。

(3) 置 37 ℃恒温箱内培养 24 h,取出观察结果。比较自来水及污水内生长的菌落数。

(三) 土壤中细菌的检查

取少量泥土(约 1 g)接种庖肉基及肉汤培养基各 1 支。37 ℃恒温箱内培养 24 h 后,取出观察细菌生长情况,并作涂片,革兰染色,检查生长的细菌种类。

【思考题】

(1) 在微生物学实验操作中,怎样才能避免杂菌的污染?

(2) 请简述无菌操作在医学实践中的意义。

(万滋衡　朱薿)

▶ 实验九　物理、化学及生物因素对细菌的影响 ◀

一、物理消毒灭菌方法

【实验目的】

了解物理因素对细菌的影响，掌握常用的物理消毒灭菌方法。

【实验材料】

(1) 仪器：高压蒸汽灭菌器、干烤箱、恒温培养箱、紫外线灯。

(2) 试剂：肉汤培养基、指示菌片一嗜热杆菌芽孢菌片。

(3) 器具：牛皮纸、接种环、无菌镊子、棉花、灭菌黑纸片。

【实验方法与结果】

1. 湿热灭菌法

1) 高压蒸汽灭菌法

利用密闭的高压蒸汽灭菌器灭菌，在一定的条件下，蒸汽压力愈大，高压锅内温度愈高，杀菌效力也愈强。通常在 0.1 MPa，121.3 ℃保持 15～30 min 进行灭菌。本法适用于耐高温、高湿的物品。

2) 间歇灭菌

对某些不耐高温的物品，可用此法达到灭菌目的。原理是先将物品经 100 ℃、30 min 蒸浴后，37 ℃恒温培养箱内孵育 24 h。再将物品经 100 ℃、30 min 蒸浴后，37 ℃恒温培养箱内孵育 24 h。如此反复三次，使物品中细菌的滋养体和芽胞逐渐被杀灭。

3) 煮沸消毒

煮沸可用于医疗器械的消毒。消毒时间为 20～30 min。应用此法可杀灭细菌芽胞以外的一般细菌繁殖体，如延长煮沸时间，并在水中加入 1%碳酸氢钠或 2%～5%石炭酸效果更好。

2. 干热灭菌法

常用的方法有火焰烧灼和热空气灭菌。火焰烧灼灭菌适用于接种环、接种针和金属用具，无菌操作时的试管口和瓶口在火焰上短暂烧灼灭菌。热空气灭菌是在电烤箱内利用高温干燥空气进行灭菌，温度 160～170 ℃，维持 2 h。适用于玻璃器皿。

3. 紫外线杀菌

主要用于空气和物体表面的灭菌。操作过程如下：

(1) 以无菌操作用接种环取大肠埃希菌培养物，均匀密涂于普通平板培养基的表面。

(2) 镊子通过火焰消毒后，夹取灭菌黑纸片一张贴于平板培养基中央。

(3) 将平板敞开盖置于无菌操作台紫外线灯下 60～80 cm 处，直接照射 30 min。

(4) 将无菌黑纸片取出，焚烧，盖好平板，37 ℃温箱培养 24 h，观察结果。

(5) 平板培养后，黑纸片部位因紫外线不能穿过，所以菌未被杀死，故有菌生长，而平板其他部位被紫外线照射，细菌被杀死，所以无菌生长。

另一种方法是接种细菌后，将培养基盖半打开，紫外线灯下 20 cm 处照射 5 min。盖上平皿盖，温箱培养 24 h 后观察结果。暴露于紫外线灯下的琼脂表面无菌生长或只有少量细菌生长。培养基盖遮盖部分的琼脂表面，有细菌形成的灰白色菌苔。

二、化学消毒灭菌法

【实验目的】

熟悉常用化学消毒剂及其使用方法，了解常用化学消毒剂的杀菌范围。

【实验材料】

(1) 菌种：葡萄球菌和大肠埃希菌培养物。

(2) 器具：镊子、无菌滤纸片、琼脂平板、恒温箱培养箱。

(3) 试剂：1%龙胆紫、2%红汞、20%碘酒、0.1%新洁尔灭。

【实验方法】

(1) 首先在琼脂平板底部标记上述消毒剂的名称，留一对照位置。

(2) 将葡萄球菌与大肠埃希菌培养物分别密涂于两块琼脂平板培养基上。

(3) 用灭菌镊子夹取无菌滤纸片，分别蘸取生理盐水、龙胆紫、红汞、碘酒、新洁尔灭，轻轻贴于琼脂平板表面勿移动，纸片间距离为 30 mm。

(4) 将琼脂平板置于 37 ℃温箱培养 24 h 后观察结果。

【实验方法】

纸片周围无细菌生长的区域，称为抑菌环。分别测量 4 种消毒剂抑菌环的直径，以 mm 为单位记录，经比较抑菌环直径大小，以了解不同化学消毒剂的灭菌作用效果。

三、抗生素敏感试验

【实验目的】

掌握细菌对药物敏感试验的操作方法与结果判断。

（一）纸片扩散法

【实验原理】

含有定量抗菌药物的纸片贴在已接种测试菌的琼脂平板上，纸片中的药物便不断向纸片周围区域扩散，形成递减的浓度梯度，在纸片周围抑菌浓度范围内的细菌的生长被抑制，形成透明的抑菌圈(bacterial inhibition ring)，抑菌圈的大小反映测试菌对测定药物的敏感程度，并与该药对测试菌的最低抑菌浓度(minimum inhibitiory concern-tration，MIC)呈负相关，即抑菌圈越大，MIC 越小。

【实验材料】

(1) 菌种:金黄色葡萄球菌、痢疾杆菌 6~8 h 肉汤培养物。

(2) 培养基:水解酪蛋白琼脂(M-H 琼脂)、MH 肉汤培养基、营养平板、无菌平板。

(3) 抗生素:抗生素(青霉素、链霉素、庆大霉素、氯霉素等)药物纸片。

(4) 器具:恒温培养箱、接种环或无菌棉拭、酒精灯、无菌试管、无菌吸管、镊子、无菌棉拭、米尺。

【实验方法】

(1) 用接种环或无菌棉拭分别蘸取已培养好的金黄色葡萄球菌、痢疾杆菌 6~8 h 肉汤培养物均匀涂布于两个琼脂平板上。

(2) 用无菌镊子夹取抗生素(青霉素、链霉素、庆大霉素、氯霉素等)药物纸片,分别贴在两个平板上,药物纸片之间的距离应基本相等,一般每个平板贴 4~5 个药物纸片为宜。

(3) 将平板置 37 ℃培养 18~24 h 后取出,观察药物纸片周围的抑菌圈的有无及大小。

【实验结果】

用尺子测量各药物纸片直径,并判断其敏感程度及耐药性,常用药敏试验药物纸片判断标准见表 9-1。

表 9-1 常用药敏试验药物纸片判断标准

抗菌药物	纸片含药量(μg/片)	抑菌圈直径(mm)		
		耐药	中度敏感	高度敏感
青霉素	10	≤20	21~28	≥29
链霉素	10	≤11	12~14	≥15
红霉素	15	≤13	14~17	≥18
庆大霉素	10	≤12	13~14	≥15
氯霉素	10	<10	10~17	>17
头孢唑啉	30	≤14	15~17	≥18
卡那霉素	30	≤13	14~17	≥18
苯唑西林	1	≤10	11~12	≥13
先锋霉素	75	≤15	—	≥16
环丙沙星	5	≤15	16~20	≥21
万古霉素	30	—	—	≥15
复方新诺明	1.25/23.75	≤10	11~15	≥16
氟哌酸	10	≤10	13~16	≥17

(二) 试管稀释法

【实验原理】

以水解酪蛋白(M-H)液体培养基将抗生素做不同浓度的稀释,然后种入待检细菌,定量测定抗菌抑制或杀灭该菌的最低抑菌浓度(MIC)。

【实验材料】

(1) 菌种:金黄色葡萄球菌菌液(10^5 cfu/ml)。

(2) 培养基:水解酪蛋白(M-H)液体培养基。

(3) 抗生素:青霉素钠盐(50 IU/ml)。

(4) 器具:恒温培养箱、无菌试管、试管架。

【实验方法】

(1) 取 10 支无菌小试管标号后,除第一管外其他每管加入肉汤培养基 1 ml。

(2) 在第一、二管中各加入青霉素(50 IU/ml)溶液 1 ml,混匀。

(3) 从第二管中吸取 1 ml 加入第三管中,混匀,然后依此法加样稀释至第 9 管,再从第 9 管中抽取 1 ml 弃去。第 10 管不加青霉素作为对照管。

(4) 于每管中加入金黄色葡萄球菌菌液各 0.1 ml,混匀。

(5) 置 37 ℃温箱培养 24 h 后观察结果。

【实验结果】

以培养基混浊程度来判断细菌对青霉素的敏感程度。药物最高稀释管中无细菌生长者,该管的浓度为该菌对此药物的敏感度,即最低抑菌浓度(MIC),可用单位/ml 表示之。

(三) E 试 验

【实验原理】

E(E-test)试验是一种定量的抗生素测定技术,由一个大小为 5 mm×50 mm,内含有干化的、浓度由高到低的一种抗菌药物商品化塑料试条构成。试条上有用数字标出的所含该药物的浓度刻度(μg/ml),浓度梯度范围一般为 15 个自然对数。E-试验是扩散法和稀释法相结合的产物,具有操作简便(同扩散法)、可定量测出抗菌药物对测试菌的最低抑菌浓度(同稀释法)、结果准确、重复性好的特点。

【实验材料】

(1) 菌种:金黄色葡萄球菌、痢疾杆菌 6～8 h 肉汤培养物。

(2) 培养基:水解酪蛋白琼脂(M-H 琼脂)、MH 肉汤培养基、营养平板、无菌平板。

(3) 抗生素:E 抗菌药物塑料试条。

(4) 器具:恒温培养箱、接种环或无菌棉拭、酒精灯、无菌试管、无菌吸管、镊子、无菌棉拭、米尺。

【实验方法】

(1) 用接种环或无菌棉拭醮取已培养好的金黄色葡萄球菌肉汤培养物均匀涂布于琼脂平板上。

(2) 用无菌镊子将含抗菌素的试条贴于平皿表面。

(3) 将平板置 37 ℃恒温培养箱培养 18～24 h 后取出观察。

【实验结果】

围绕试条可形成一个椭圆形的抑菌圈,抑菌圈和试条的横向相交处的刻度读数即是该测定药物的 MIC。

（四）噬菌体蚀斑试验

【实验原理】

一般认为噬菌体是感染细菌的病毒，噬菌体对细菌的裂解作用具有高度的特异性，故可借噬菌体来鉴定菌种和菌型。例如，在不同种、属或同种异型菌的琼脂平板培养后的菌苔上，滴加某种或某型菌的噬菌体增殖液，根据平板上出现的空斑，以鉴定细菌种属或型别是为噬菌体蚀斑试验。

【实验材料】

（1）菌种：大肠埃希菌、伤寒沙门菌和表皮葡萄球菌肉汤培养物。

（2）器皿：营养琼脂平板、伤寒沙门菌噬菌体液和灭菌吸管、无菌棉拭、恒温培养箱。

【实验方法】

（1）将营养琼脂平板平均分成三等份，分别注明大肠埃希菌区、伤寒沙门菌区和表皮葡萄球菌区。

（2）用无菌棉拭将三种菌的培养物分别接种于相应的区内。

（3）在每个区中央滴加伤寒噬菌体液一滴，放 37 ℃恒温培养箱培养 18～24 h 后观察结果。

【实验结果】

伤寒沙门菌区中央出现一无菌区（蚀斑），而其他两菌无此现象。

【思考题】

（1）同一温度下湿热灭菌为何比干热灭菌的效果好？

（2）为什么紫外线只能杀灭空气和物品表面的微生物？

（3）下列各物宜采用何种方法来进行消毒灭菌：病人的衣服和用具、病人的排泄物、饮用水、培养基、药物、体温计、医用仪器、棉花纱布等。

（4）抗生素敏感试验有何临床意义？

（5）E-试验与纸片法和试管法有何异同，具有何特点？

（6）噬菌体裂解细菌具有高度特异性，这一特点在医学上有何意义？

（万滋衡　朱蕿）

▶ 实验十　细菌的遗传变异 ◀

【实验目的】

了解细菌的遗传变异现象，细菌的遗传变异在医学实践中的意义。

一、鞭毛的变异

【实验原理】

有鞭毛的细菌，如变形杆菌在普通琼脂平板表面可形成特殊的弥漫状迁徙现象。若在琼脂中加入 0.1%碳酸，则鞭毛形成受到抑制，生长成单个菌落。

【实验材料】

(1) 菌种：普通变形杆菌琼脂斜面 18～24 h 培养物。

(2) 培养基：普通琼脂平板、含 0.1%石炭酸琼脂平板。

(3) 接种棒、恒温培养箱。

【实验方法与结果】

(1) 分别在两种琼脂平板的边缘点种变形杆菌，勿将细菌划开。

(2) 37 ℃培养恒温培养箱 18～24 h 后，观察细菌生长现象，并比较其特征。

二、光滑型与粗糙型菌落变异

【实验原理】

光滑型与粗糙型菌落变异是一个全面性的变异，不仅其菌落外形不同，在液体培养基中的生长情况，生化反应能力，抗原性及致病性等都可能发生改变。

【实验材料】

(1) 菌种：粗糙型及光滑型大肠杆菌琼脂斜面培养物。

(2) 培养基：营养琼脂平板、肉汤培养基。

(3) 接种棒、恒温培养箱。

【实验方法与结果】

(1) 将琼脂平板分为二区，分别划线接种光滑型及粗糙型大肠杆菌。并将两株大肠杆菌分别接种 2 支肉汤培养基。

(2) 37 ℃培养 24 h 后，比较光滑型(S)及粗糙型(R)的菌落特性(注意其大小、表面、边缘、透明度等)及在液体培养基中的生长情况。

三、R 质粒接合传递试验

【实验原理】

细菌耐药性的产生主要是通过耐药性质粒(R 质粒)的转移而获得。在体外试验条件下,如将耐药菌株与敏感菌株混合进行培养,可出现 R 质粒接合传递现象,诱发敏感菌株发生耐药性变异。

【实验材料】

(1) 菌种:大肠杆菌对氯霉素敏感株(受体菌)、伤寒杆菌对氯霉素耐药株(供体菌)。

(2) 培养基:肉汤培养基、伊红-美蓝琼脂(EMB)平板、含氯霉素 20 μg/ml(EMB)平板。

(3) 器皿:无菌试管、吸管、种菌环、恒温培养箱等。

【实验方法】

(1) 将受体菌和供体菌分别接种肉汤培养基。37 ℃恒温培养 6～8 h。

(2) 分别吸取受体菌和供体菌肉汤培养物各 0.1 ml,置于另一无菌小试管中,轻轻混合后于 37 ℃接合 2 h。

(3) 用种菌环取上述混合菌液在含氯霉素的 EMB 平板上分区划线接种(实验平板)。同时将受体菌和供体菌分别接种在含氯霉素及不含药的 EMB 平板上作对照观察。

(4) 经 37 ℃、18～24 h 恒温培养后观察试验结果。

【实验结果】

(1) 实验平板在密集生长,无色,半透明的耐氯霉素伤寒杆菌菌落中出现少数较大,呈兰紫色,不透明的大肠杆菌菌落为试验阳性。无典型的大肠杆菌菌落出现为阴性。

(2) 供体菌对照:在含氯霉素及不含药的 EMB 平板上均出现密集生长的无色较小菌落。

(3) 受体菌对照:在不含药的 EMB 平板中密集生长,菌落中等大小,呈蓝紫色典型金属光泽,而在含氯霉素的 EMB 平板上不生长。

四、细菌 L 型诱导试验

【实验原理】

L 型细菌是细菌细胞壁部分缺损或完全丧失而造成的。细菌细胞壁的缺失可以是自发的,也可以是人工诱导的,但诱导突变的频率远比自发突变率高。由于细菌细胞壁缺陷,L 型细菌有许多特性与原细菌不同,如形态、菌落特征、染色性、抗原性、对渗透压及抗生素的敏感性等将发生变化,同时亦减低或丧失致病力。

细菌在溶菌酶水解或抗生素(如青霉素)阻止肽聚糖合成后,都将失去细胞壁,在渗透压平衡的培养基中,革兰阳性菌呈原生质体,革兰阴性菌呈圆球体,若继续生长和分裂,则称为 L 型细菌。本实验是应用新青霉素 II 诱导金黄色葡萄球菌变异成 L 型。

【实验材料】

(1) 菌种:金黄色葡萄球菌 Cowan-I 菌株,5～6 h 肉汤培养液.

(2) 培养基:改良 Kagen 氏高盐琼脂培养基。

(3) 试剂:兔血浆或人血浆、新青霉素 II 50 IU/ml 溶液

(4) 器皿:L 型玻棒、无菌空平皿、无菌滤纸片、CO_2培养箱。

【实验方法】

(1) 在融化的改良 Kagen 氏高盐琼脂培养基中加入 20%新鲜兔血浆,立即倾注平板。

(2) 用无菌吸管吸取新鲜菌液 0.1 ml 加于平板表面,以 L 型玻棒将菌液均匀铺开于平板表面。放温箱内稍烘干片刻。

(3) 取无菌滤纸片沾以 50 IU/ml 抗生素,贴于平板中央。置 37 ℃,含 5%～10% CO_2环境下培养 18～24 h,初步观察结果。以后逐日在低倍镜下观察结果。

【实验结果】

(1) 培养 24 h 后,可见抑菌圈,其中有直径达 3～4 mm 的菌落。

(2) 培养 48 h 后,抑菌圈内可出现典型的"油煎蛋"样的 L 型菌落,直径约 0.1 mm。低倍镜下观察,菌落中心较厚呈灰黄色,透光度差,由细颗粒组成。周边呈花边状较薄,由透明颗粒组成。同时也可出现由类似 L 型菌落周边部分的透明颗粒组成的、无核心的颗粒型菌落,即 G 型菌落。

(3) 以后逐日观察菌落变化并涂片,作细胞壁和革兰染色并仔细观察 L 型变异的特征。

【思考题】

(1) 若将生长在含 0.1%石炭酸普通琼脂平板上的变形杆菌转种于普通琼脂平板上,是否还出现迁徙生长现象?为什么?

(2) 为什么细菌通过 R 质粒接合会产生耐药性变异?若无抗生素存在细菌是否会发生耐药性变异?

(3) 在医疗实践中能否防止细菌耐药性的产生?临床遇见了耐药菌株怎么办?

▶ 实验十一　细菌的致病性实验 ◀

【实验目的】

(1) 掌握血浆凝固酶实验原理和方法。

(2) 了解细菌外毒素及内毒素测定的原理与方法。

(3) 了解鲎实验的原理与方法。

一、血浆凝固酶试验

【实验原理】

血浆凝固酶试验是区别致病性葡萄球菌与非致病性葡萄球菌的最重要指标。致病性葡萄球能产生血浆凝固酶，大多数金黄色葡萄球菌能产生此酶。此酶的作用类似凝血酶原，在血浆中激活剂的作用下，可使血浆中的纤维蛋白原转变为不溶性的纤维蛋白，从而导致血浆凝固(呈现块状或颗粒状)。非致病性葡萄球菌不产生此酶，因而不能凝固血浆。此酶有两种存在形式：一为游离型凝固酶，是分泌至菌体外的蛋白质，作用类似凝血酶原物质，当被人或兔血浆中的协同因子激活后，成为凝固酶样物质，可使液态纤维蛋白原变成固态纤维蛋白导致血浆凝固；另一种为结合型凝固酶，该酶结合于细菌细胞壁，又称凝聚因子，可直接作用于血浆中纤维蛋白原与菌体表面纤维蛋白原受体交联，使葡萄球菌凝集成块。结合于细胞壁上的血浆凝固酶，采用玻片法检测；游离形式的血浆凝固酶，采用试管法检测。

(一) 试　管　法

【实验材料】

(1) 菌种：金黄色葡萄球菌和待检葡萄球菌琼脂斜面 6～8 h 培养物。

(2) 试剂与器皿：兔血浆、小试管、试管架、接种环、酒精灯等。

【实验方法】

(1) 按表 11-1 所示，加入 1∶4血浆及葡萄球菌肉汤培养液。

(2) 将各管置 37 ℃水浴中，每隔 30 min 观察一次结果。

表 11-1　血浆凝固酶试验(试管法)

试管	血浆(1∶4)(ml)	待检葡萄球菌肉汤培养物(ml)	金黄色葡萄球菌肉汤培养物(ml)	肉汤	结果
1	0.5	0.5	—	—	
2	0.5	—	0.5	—	
3	0.5	—	—	0.5	

【实验结果】

在 3 h 内，若第一管及第二管出现凝固，即将试管倾斜或倒置时，呈现凝块；而第三管不出现凝块，则为血浆凝固酶试验阳性。

（二）玻　片　法

【实验材料】

（1）金黄色葡萄球菌、表皮葡萄球菌琼脂斜面 18～24 h 培养物。

（2）1∶2人或兔血浆。

（3）生理盐水、玻片、接种环等。

【实验方法】

（1）取洁静载玻片一张，于两端各加生理盐水一滴。

（2）以灭菌接种环挑取两种葡萄球菌培养物少许，分别混悬于载玻片两端的生理盐水内，分别研磨混匀成细菌悬液，观察有无自凝现象。

（3）于每滴细菌悬液内，各加入兔血浆一滴，混匀。静置数秒钟后观察结果。

【实验结果】

若细菌呈颗粒状凝集时为阳性，若无凝集时为阴性。

金黄色葡萄球菌能产生血浆凝固酶，故此试验为阳性；而表皮葡萄球菌不能产生血浆凝固酶，故此试验为阴性。

二、透明质酸酶试验（扩散因子试验）

【实验原理】

透明质酸酶能溶解结缔组织中的透明质酸，使组织疏松，通透性增高，有利于细菌在机体内扩散。化脓性链球菌具有此酶，易在组织中扩散，可造成全身性感染。

【实验材料】

（1）动物：家兔。

（2）试剂：透明质酸酶、台盼蓝或印度墨汁。

（3）器皿：1 ml 注射器、针头、70％酒精棉球。

【实验方法与结果】

（1）剪去家兔背部两侧注射部位的兔毛（约 5 cm×5 cm），以酒精棉球消毒。

（2）用生理盐水将透明质酸酶作 1∶100 稀释，并与台盼蓝（或印度墨汗）等量混合。

（3）于家兔背部的一侧皮内注射上述混合液 0.1 ml，另一侧注射台盼蓝与生理盐水混合液 0.1 ml 作为对照。注射时注意勿使液体漏出而使皮肤着色，影响结果观察。

（4）注射后 10 h，观察结果，比较两侧台盼蓝扩散范围的大小。

三、外毒素毒性试验

【实验原理】

外毒素是某些细菌在生长繁殖过程中产生并释放至菌体外的一种蛋白质，毒性很强，并具有亲组织性。如破伤风杆菌的外毒素，能选择地作用于运动神经细胞引起痉挛症状，甚至死亡。若在注射外毒素后，同时注射破伤风抗毒素（或将二者混合后注射），毒素即被中和，动物不出现中毒症状。

【实验材料】

（1）动物：小白鼠。

（2）试剂：破伤风杆菌外毒素、破伤风杆菌抗毒素、生理盐水、无菌肉汤。

（3）器皿：1 ml 注射器、针头、碘酒、酒精棉球。

（4）仪器：恒温培养箱、离心机。

【实验方法与结果】

（1）将破伤风杆菌接种于疱肉培养基，经 37 ℃恒温培养 48 h，吸取上清液，以 3 000 r/min 离心沉淀 30 min，弃去残渣，上清液中即含破伤风杆菌的外毒素。临用时以肉汤作 1∶100 稀释。

（2）取破伤风杆菌毒素 0.2 ml，注射于小白鼠后腿肌肉内，次日观察结果可见注射毒素的下肢发生麻痹、强直，或呈强直性痉挛。继而延及全身，引起全身性痉挛，小鼠于 2～3 d 内死亡。

（3）另取 1 只小鼠（头部染成红色以资区别），注射破伤风外毒素 0.2 ml 于后腿肌肉内，立即于腹腔注射破伤风抗毒素 200 单位，观察破伤风抗毒素的保护作用。

四、内毒素毒性试验

【实验原理】

内毒素是革兰阴性细菌细胞壁中的脂多糖成分，只是在菌体自溶或人工方法使细菌裂解才释放出来。内毒素性质较稳定，抗原性不强，不同细菌的内毒素引起机体产生的症状基本相同，如发烧、白细胞减少、微循环病变及休克等。

【实验材料】

（1）动物：小白鼠。

（2）试剂：伤寒杆菌内毒素。

（3）器皿：无菌 1 ml 注射器及针头等。

【实验方法】

（1）伤寒杆菌 37 ℃培养 18～24 h 的琼脂斜面基培养物，用无菌生理盐水洗下，隔水煮沸 1 h，经无菌试验证实无活菌生长者，再用生理盐水配制成 10 亿个细菌/ml 浓度，即成伤寒杆菌粗制内毒素。

（2）从小白鼠尾静脉注射伤寒杆菌内毒素 1 ml，约经 7～8 h 后，用颈椎脱位法使小鼠致死。立即解剖。

【实验结果】

可见小白鼠肠系膜血管和肾上腺充血；肝、脾淤血，严重者可见出血。

五、鲎 试 验

【实验原理】

鲎实验是用鲎血细胞的裂解物作为试剂，检测细菌内毒素的一种快速、简便和高度灵敏的方法。鲎是一种海洋节肢动物，血液中含有一种变形细胞，此种细胞的裂解物可与微量细菌内毒素(0.000 1 μg/ml)发生凝胶反应。这是由于裂解物中的一种酶被内毒素的脂多糖激活，使其蛋白形成凝胶。

鲎实验在临床上可用于革兰阴性菌内毒素血症的早期诊断。此外，也可用于检查药物或生物制品中的热原质。

【实验材料】

(1) 试剂：鲎试剂(鲎变形细胞裂解物的冷冻干燥制品，装于安瓿内)，标准内毒素，无菌蒸馏水。

(2) 器皿：1 ml 一次性无菌注射器、水浴箱。

【实验方法】

(1) 取鲎试剂 2 支，每支安瓿内加入不含热原质的无菌蒸馏水 0.1 ml，振摇 2～3 min 使其溶解。

(2) 于 1 支安瓿内加入标准内毒素 0.1 ml，另 1 支内加蒸馏水 0.1 ml 作为对照。轻轻摇匀，垂直置于 37 ℃水浴箱中 1 h 后观察结果。

【实验结果】

凝固者为阳性，不凝者为阴性。

【思考题】

(1) 血浆凝固酶、透明质酸酶在化脓性病灶中的作用各有何特点？

(2) 在注射破伤风外毒素前给动物注射一定量的抗毒素的目的何在？并说明什么问题？

(3) 疑为热原质污染的葡萄糖注射液，可不可以用鲎实验方法来检测？为什么？

(万滋衡　朱薿)

第三篇

细菌学各论实验

YI XUE WEI SHENG WU XUE
SHI YAN
JIAO CHENG

▶ 实验十二　病原性球菌 ◀

对人类有致病作用的球菌称为病原性球菌，主要包括革兰阳性的葡萄球菌、链球菌、肺炎链球菌和革兰阴性的脑膜炎奈瑟菌及淋病奈瑟菌。由于此类球菌在临床上常引起化脓性疾病，故又称化脓性球菌。这些细菌在形态学和培养特性方面都各自具有显著的特点，可资鉴别，但某些球菌需进一步做生化反应及致病性鉴定。

一、观察葡萄球菌、链球菌、肺炎链球菌、脑膜炎奈瑟菌及淋病奈瑟菌的形态和染色性

【实验目的】

掌握和认识常见病原性球菌的形态、染色特征。

【实验材料】

(1) 葡萄球菌、链球菌、肺炎链球菌、脑膜炎奈瑟菌的纯培养物以及淋病患者尿道分泌物。

(2) 革兰染液、光学显微镜、香柏油、擦镜纸、酒精乙醚。

【实验方法】

分别取葡萄球菌、链球菌、肺炎链球菌、脑膜炎奈瑟菌的纯培养物以及淋病患者尿道分泌物少许直接进行涂片，经革兰染色后在显微镜下观察各细菌形态及染色性。

【实验结果】

(1) 葡萄球菌：革兰染色阳性球菌，排列不规则，常呈葡萄串状，有时亦呈短链或散在排列。

(2) 链球菌：革兰染色阳性球菌，呈长短不一的链状排列。

(3) 肺炎链球菌：革兰染色阳性球菌，菌体呈矛尖状，钝端相对、尖端向外成双排列。在其荚膜染色片上，可见菌体周围较厚的淡紫色荚膜。

(4) 脑膜炎奈瑟菌：革兰染色阴性球菌，菌体呈肾形或蚕豆形，凹面相对、成双排列。

(5) 淋病奈瑟菌：革兰染色阴性球菌，菌体呈肾形，凹面相对、成双排列。在脓性标本中，细菌多位于白细胞的胞质内，但亦可见分散于细胞外、呈肾形排列的双球菌。

二、观察葡萄球菌、链球菌、肺炎链球菌、脑膜炎奈瑟菌及淋病奈瑟菌的菌落特征

【实验目的】

掌握常见病原性球菌的菌落特征。

【实验材料】

(1) 菌种:葡萄球菌(金黄色葡萄球菌、表皮葡萄球菌、腐生葡萄球菌)、链球菌(甲型溶血性链球菌、乙型溶血性链球菌)、肺炎链球菌。

(2) 流行性脑脊髓膜炎患者脑脊液标本、淋病患者尿道分泌物标本。

(3) 血琼脂平板、巧克力血琼脂平板。

(4) 接种环、酒精灯、恒温箱、CO_2培养箱。

【实验方法】

(1) 金黄色葡萄球菌、表皮葡萄球菌、腐生葡萄球菌、甲型溶血性链球菌、乙型溶血性链球菌、肺炎链球菌分别接种于血琼脂平板后,置37 ℃恒温箱培养18 h～24 h,观察各细菌在血琼脂平板上生长的菌落特征。

(2) 取流行性脑脊髓膜炎患者脑脊液和淋病患者尿道分泌物,分别直接划线接种于巧克力血琼脂平板上,将接种好的培养基置于含5% CO_2的CO_2培养箱中培养24 h～48 h,观察细菌在培养基上的生长情况。

【实验结果】

(1) 葡萄球菌在血琼脂平板上形成园形凸起、表面光滑、湿润、边缘整齐、不透明菌落。并随菌种不同,菌落呈现不同的颜色。致病性菌株的菌落周围形成明显的有溶血环。

金黄色葡萄球菌——金黄色菌落,大多数菌株产生透明的溶血环。

表皮葡萄球菌——白色菌落,周围无溶血环。

腐生葡萄球菌——白色或柠檬色菌落,周围无溶血环。

(2) 链球菌在血琼脂平板上形成灰白色、圆形凸起、半透明或不透明的细小菌落。不同菌株有不同的溶血现象。

甲型溶血性链球菌——不完全溶血,在菌落周围形成草绿色溶血环。

乙型溶血性链球菌——完全溶血,菌落周围形成透明的溶血环。

(3) 肺炎链球菌在血琼脂平板上形成的菌落与甲型溶血性链球菌菌落相似,细小、灰白色、菌落略扁平,半透明,菌落周围有草绿色的溶血环。培养2～3 d后,因菌体发生自溶,菌落中央下陷呈“脐”状。

(4) 脑膜炎奈瑟菌在巧克力(色)琼脂平板上可形成无色、圆形、凸起、光滑、透明,似露滴状的菌落。在血琼脂平板上不溶血。

(5) 淋病奈瑟菌在巧克力(色)琼脂平板上形成无色或灰白色、圆形、凸起、光滑整齐、半透明的小菌落。

三、链激酶试验

【实验原理】

致病性链球菌产生链激酶,能使血液中的纤维蛋白酶原变成纤维蛋白酶,故可溶解血块或阻止血浆凝固,有利于细菌在组织中扩散。

【实验材料】

(1) 链球菌18～24 h肉汤培养物。

(2) 1∶4人血浆、无菌肉汤。

(3) 0.25%氯化钙水溶液。

(4) 无菌吸管、小试管、37 ℃水浴箱。

【实验方法】

(1) 按下表于各管中分别加入各物。

	1∶4人血浆(ml)	链球菌培养物(ml)	无菌肉汤(ml)	0.25% $CaCl_2$(ml)
试验管	0.5	0.5	——	0.5
对照管	0.5	——	0.5	0.5

(2) 混合均匀后,放入水浴箱内37 ℃水浴10 min,若血浆形成凝块,继续放置于水浴箱内观察血浆凝块是否发生溶解。若血浆凝块未发生溶解,将试管移置37 ℃温箱中,24 h后记录最后结果。

【实验结果】

血浆先凝固,随后又转为溶解。若15 min内血浆凝块发生完全溶解者为强阳性;若至24 h仍然不溶解者为阴性。

四、胆盐(或胆汁)溶菌试验

【实验原理】

肺炎链球菌由于能产生自溶酶,可使菌体本身发生溶菌。该自溶酶可被胆盐、胆汁等激活而进一步增强其活性,从而加速菌体发生溶解。甲型溶血性链球菌因无自溶酶形成,故不被溶解,因此采通常采用胆盐(或胆汁)溶菌试验鉴别肺炎链球菌与甲型溶血性链菌。

【实验材料】

(1) 肺炎球菌及甲型溶血性链球菌的18～24 h肉汤培养物。

(2) 牛胆汁或10%去氧胆酸盐溶液、生理盐水。

(3) 无菌吸管、小试管、水浴箱。

【实验方法】

(1) 按表12-1所示于各管内分别加入。

表12-1　胆盐(或胆汁)溶菌试验步骤(单位:ml)

	肺炎链球菌培养物	甲型链链球菌培养物	牛胆汁或10%胆盐溶液	生理盐水
试管1	0.8	——	0.2	——
试管2	——	0.8	0.2	——
试管3	0.8	——	——	0.2
试管4	——	0.8	——	0.2

(2) 混和均匀,置水浴箱 37 ℃水浴 15～30 min 后观察结果。

【实验方法】

试管液体由混浊变为澄清,即为胆盐溶菌试验阳性。否则为阴性。

五、葡萄球菌肠毒素测定(反向间接血凝试验法)

引起食物中毒的葡萄球菌肠毒素的检测方法以往大多进行动物试验,即将葡萄球肉汤培养物的滤液注射于 6～8 周龄的幼猫腹腔,在注射后 4 h 内引起呕吐、腹泻、体温升高或死亡。该试验方法比较复杂,且不能区分不同型别的肠毒素。近年来,采用反向间接血凝(RPHA)或酶联免疫吸附试验(ELISA)等免疫学检测方法,操作简便易行,特异性高,灵敏可靠,用于急性食物中毒标本的快速检测,更为实用。本次实验用反向间接血凝法直接检测标本中的葡萄球菌肠毒素。

【实验目的】

了解葡萄球菌肠毒素测定的方法。

【实验材料】

(1) 1%致敏红细胞(用免抗葡萄球菌肠毒素 A、B、C 亚型(SEA,SEB,SEC)抗体分别致敏的羊红细胞)。

(2) 待检样品、1%正常兔血清、生理盐水。

(3) U 型或 V 型血凝反应板、微量滴液管、微型振荡器等。

【实验方法】

(1) 待检材料(如食物残渣、病人呕吐物等)用生理盐水适当稀释后,离心沉淀取上清液。

(2) 将上清液置水浴内煮沸 30 min,即为供肠毒素检测的样品。

(3) 用 1%兔血清和生理盐水将待测样品作倍比稀释为不同浓度(1∶2、1∶4、1∶8…),每个凹孔内分别加入 25 μl。每份样品各加三列,同时送检葡萄球菌肠毒素的三个亚型(SEA、SEB、SEC)。

(4) 每列样品内分别加入家兔抗 SEA、SEB 及 SEC 抗体致敏的羊红细胞(1%)。每孔加 25 μl。每次试验同时设阳性对照(已知产毒菌株培养物上清液+致敏红细胞)及阴性对照(白色葡萄球菌培养物上清液及稀释液+致敏红细胞)。

(5) 将血凝反应板置于微型混和器上振荡 2～3 min,混匀。静置室温内 0.5 h 后,肉眼观察试验结果。

【实验结果】

待检标本最高稀释倍数产生最小血凝反应(++)即为该型葡萄球菌肠毒素的检出效价。阳性对照及阴性对照结果应正确无误。反向间接血凝的形状,根据所用血凝反应板孔型及被检测的样品不同,血凝模式也不完全不一样。当使用冻干的抗体致敏红细胞和 V 型血凝反应板检测抗原时,血凝模式呈下述形状:

++++血细胞呈薄层凝集,覆盖整个孔底。

＋＋＋血细胞呈薄层凝集，覆盖面积较上者略小。

＋＋血细胞呈薄层凝集，孔底中央隐约可见血细胞沉集的小园点。

＋血细胞在孔底沉集面积较大，四周有散在的少量凝集。

±血细胞下沉至孔底。

—血细胞下沉至孔底呈点状。

六、抗链球菌溶血素“O”试验

链球菌溶血素“O”(streptolysin o，SLO)，主要是A族乙型溶血性链球菌所产生的一种代谢产物。人体在感染该型链球菌后，血清中可出现大量抗链球菌溶血素“O”(anti-streptolysin O，ASO)抗体。测定此抗体效价，可作为风湿热、急性肾小球肾炎等与链球菌感染有关的一些疾病的辅助诊断。测定抗链球菌溶血素“O”抗体的试验简称为抗“O”试验。

（一）试管溶血法

【实验目的】

掌握抗“O”试验的原理、方法与实际意义。

【实验原理】

为毒素抗毒素中和试验。链球菌溶血素“O”是具有酶活性的蛋白质，能溶解红细胞，但与空气接触后，易被氧化，使蛋白质上有溶血活力的-SH基氧化成-SS-基，从而失去活力，但用还原剂与其作用，可使其重新活化，恢复溶血活力。人感染链球菌2～3周后，大多数患者血清中出现抗“O”抗体，它能中和溶血素“O”，使之失去溶血能力。

待检血清(有抗“O”抗体)＋SLO＋红细胞→不溶血

待检血清(无抗“O”抗体)＋SLO＋红细胞→溶血

【实验材料】

待检血清、还原溶血素“O”(用亚硫酸钠或半胱氨酸还原，按使用说明操作)、生理盐水、1%兔红细胞悬液、小试管、试管架、刻度吸管、37 ℃水浴箱等。

【实验方法与结果】

实验方法见表12-2。

(1) 将待检血清0.1 ml加入9.9 ml生理盐水，稀释成1∶100的血清。然后将此1∶100的血清0.5 ml与等量生理盐水混匀，即成1∶200待检血清。

(2) 取5支试管，标明序号。第1管不加生理盐水，第5管加0.75 ml生理盐水，其余3管均加0.5 ml生理盐水，置试管架上。

(3) 在第1、2管内分别加入1∶200稀释血清0.5 ml，混匀后从第2管取0.5 ml加入到第3管中，混匀后取0.5 ml弃去。

(4) 除第5管外，每管均加入还原链球菌溶血素“O”0.25 ml，37 ℃水浴10 min。

(5) 各管均加入 1%兔红细胞悬液 0.25 ml，37 ℃水浴 30 min。

表 12-2 抗“O”试验步骤(单位：ml)

试管号	1	2	3	4 溶血素对照	5 红细胞对照
生理盐水	—	0.5	0.5	0.75	0.75
待检血清	0.5	0.5	0.5	弃去 0.5 不用	—
血清稀释度	1∶200	1∶400	1∶800	—	—
溶血素“O”	0.25	0.25	0.25	0.25	—
		37 ℃		10 min	
红细胞悬液	0.25	0.25	0.25	0.25	0.25
37 ℃孵育 30 min					
观察结果					
判断血清效价					

(6) 结果观察：取出试管，观察有无溶血现象，完全不溶血的血清最大稀释度即为抗“O”的效价。

临床标准：效价＜1∶500 为正常，≥1∶500 为阳性。应在 1～2 周后重复试验再做出临床诊断。

抗“O”效价计算公式：抗“O”效价＝血清稀释后毫升数/血清稀释前毫升数×原血清稀释度

【注意事项】

(1) 溶血素批号不同，配制方法可不同。

(2) 溶血素“O”还原后，应在 30 min 内使用，如时间过长，则溶血活性降低。

(3) 应从血清的低稀释度向高稀释度方向(从后往前加)加入液体和红细胞。

(二) ASO 胶乳凝集法

【实验目的】

掌握抗“O”试验(ASO 胶乳凝集法)的试验原理、方法与实际意义。

【实验原理】

当被检血清中有高滴度的抗链球菌溶血素“O”(ASO)抗体时，用适量链球菌溶血素“O”(SLO)中和掉正常水平后仍有多余 ASO 抗体存在，这些多余的抗体与交联有溶血素“O”的胶乳试剂(ASO 胶乳试剂)反应时，可以出现明显的凝集颗粒。

【实验材料】

(1) 溶血素“O”溶液、ASO 抗体胶乳试剂、阳性控制血清、阴性控制血清、待检血清 1(S_1)和待检血清 2(S_2)。

(2) 用生理盐水 1∶15 稀释的灭活待检血清。

【实验方法与结果】

(1) 将阳性控制血清、阴性控制血清、1∶15稀释的待检血清各1滴分别滴在4张玻片上。

(2) 每张玻片上各滴加溶血素"O"溶液1滴，轻轻摇动1 min，使其充分混匀。

(3) 再滴加ASO胶乳试剂1滴，轻轻摇动3～5 min，观察结果。

(4) 结果：有清晰凝集者为阳性，即ASO抗体滴度＞400 IU/ml；不出现清晰凝集者为阴性。将本实验结果记录于表12-3。

表12-3　ASO测定记录

	阳性控制血清	阴性控制血清	待检血清S	待检血清 S_2
结　果				
ASO抗体滴度				

若待检血清(1∶15)为阳性时，应进一步将其稀释为1∶30和1∶60，再重复试验，出现凝集的血清稀释度与ASO抗体滴度间的关系大致见表12-4。

表12-4　稀释度与ASO抗体滴度间的关系

稀释度	1∶15	1∶30	1∶60
ASO IU/ml	400	800	1 600

七、病原性球菌的分离与鉴定原则

(一) 标本采集

(1) 脓液：用无菌棉拭取患部深处脓液或分泌物，放入无菌试管内，送检。

(2) 痰液：用消毒过的容器收集病人痰液，以无菌棉拭挑取浓稠痰块，放无菌试管内，送检。

(3) 咽拭：嘱病人把口张大，用压舌板轻压舌根部，以无菌棉拭从鼻咽部取材。

(4) 血液：疑为败血症患者，以无菌操作抽取静脉血5 ml～6 ml，直接注入50 ml无菌肉汤瓶内，立即摇匀后送检。

(5) 脑脊液：疑似流脑患者，作腰椎作腰椎穿刺取脑脊液(CSF)，盛于无菌容器内，立即送检。

(6) 疑为淋病时，男性患者从尿道口取材应进入尿道1～2 cm。若刚排完尿则需等待1 h后再取材。女性患者从宫颈口取材时，棉拭不可触及阴道黏膜，进入颈管2～3 cm处稍等片刻，再旋转1～2 min取材。从直肠肛门取材应插入3～4 cm。取材后应立即送检，避免材料干燥，亦不可将检材入置冰箱内。

（二）检查程序

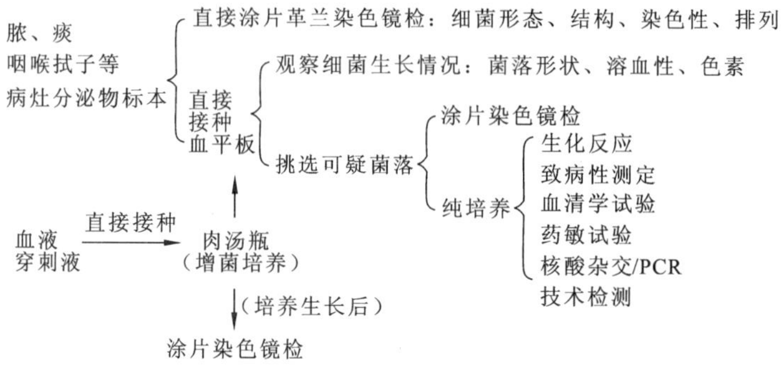

图 12-1　病原性球菌的分离与鉴定程序

以上为常见致病性球菌的检查程序。若疑为脑膜炎奈瑟菌及淋病奈瑟菌感染时，检材应接种于预温的巧克力色琼脂平板，并放置含 50%～10% CO_2 的 CO_2 箱内培养。

（1）葡萄球菌鉴定要点：形态、排列及染色性：菌落性状、溶血性及色素。血浆凝固酶试验作致病性鉴定。（见实验十一）

（2）链球菌鉴定要点：形态、排列及染色性、菌落性状与溶血现象。必要时作链激酶试验测定致病力及分类鉴定。

（3）肺炎链球菌鉴定要点：形态、排列及染色性。必要时将细菌经腹腔或皮下注射感染小白鼠，有毒力的肺炎链菌能使小鼠于 12～36 h 后因败血症而死亡。待动物濒死或死亡后立即解剖，取腹腔液涂片作荚膜染色后镜检，可查见典型有荚膜的肺炎链球菌。取心血作细菌培养，可分离得肺炎球菌培养。

（4）脑膜炎奈瑟菌和淋病奈瑟菌的鉴定要点：

· 脑膜炎奈瑟菌氧化酶试验均为阳性，但氧化酶试验为阳性的菌不一定是淋病奈瑟菌。

· 脑膜炎奈瑟菌和淋病奈瑟菌生长需要 CO_2。菌落不产生色素。在普通琼脂平板上和低于 22 ℃时不生长。

· 脑膜炎奈瑟菌能分解葡萄糖和麦芽糖产酸。淋病奈瑟菌仅分解葡萄糖产酸。淋病奈瑟菌仅分解葡萄产酸。两种细菌均不发酵果糖、蔗糖及淀粉；亦不产生 H_2S。

· 脑膜炎奈瑟菌能与相应的分群血清发生凝集。

【思考题】

（1）以上几种病原性球菌有何镜下形态特征及肉眼所见的菌落特点？

（2）致病性葡萄球菌有哪些特点？鉴定致病性葡萄球菌常用的方法有哪些？

（3）怎样判断抗“O”试验的效价及其临床意义？

（孙剑刚　朱蕤）

实验十三　肠杆菌科

肠杆菌科细菌是一大群寄居在人类和动物肠道中生物学性状近似的革兰阴性杆菌。无芽孢，多数具有不同类型的鞭毛。少数有荚膜或包膜。需氧或兼性厌氧生长，生化反应活跃，抗原成分复杂，至少有44个菌属，170个以上的菌种、生化群和血清群。大多数为肠道的正常菌群，但在宿主抵抗力低下或细菌侵入肠道以外部位时，可以作为条件致病菌引起疾病。一部分肠杆菌科细菌是引起人类肠道传染病的主要病原菌，如痢疾志贺菌、伤寒沙门氏菌、致病性大肠埃希菌等。

一、观察肠杆菌科细菌的生物学特性

（一）形态特征观察

【实验目的】

了解大肠埃希菌、志贺菌、沙门菌形态染色特点。

【实验材料】

(1) 标本：大肠埃希菌革兰染色标本片、伤寒沙门菌鞭毛染色标本片。

(2) 光学显微镜、香柏油、擦镜纸、酒精乙醚。

【实验方法】

将标本片滴加香柏油后置于光学显微镜下观察各菌形态及染色特征。

【实验结果】

(1) 大肠杆菌革兰染色标本片：可见革兰阴性杆菌，两端钝圆，单个散在随机分布。

(2) 伤寒沙门菌鞭毛染色标本片：可见沙门菌具有周鞭毛。

（二）生化反应及菌落特征观察

【实验目的】

(1) 了解肠道杆菌在常用肠道选择或鉴别培养基上的菌落特征。

(2) 熟悉肠道杆菌常见的具有鉴别意义的生化反应特征。

【实验材料】

(1) 菌种：大肠埃希菌、伤寒沙门菌、志贺菌培养物。

(2) 培养基：伊红美蓝琼脂平板(EMB)、SS琼脂平板、克氏双糖铁培养基(Kligler培养基)。

(3) 器具：酒精灯、接种环、接种针、恒温(培养)箱。

【实验方法】

(1) 用接种环挑取普通大肠埃希菌培养物分别划线接种在伊红美蓝琼脂平板、SS琼脂平板上，置37 ℃恒温培养箱内培养18～24 h后观察结果。用接种针取普通大肠埃希菌培养物接种于克氏双糖铁培养基上，先于斜面上划一直线，再将接种针直刺入培养基上层，待接种针抽出后立即在斜面上作蛇形划线，置37 ℃恒温培养箱内培养18～24 h后观察结果。

(2) 伤寒沙门菌、志贺菌接种方法同上。

【实验结果】

(1) 大肠杆菌分解乳糖产酸，在伊红美蓝琼脂平板上形成紫黑色具有金属光泽大而隆起、不透明的菌落。在SS琼脂平板上形成红色、圆形凸起、边缘整齐的光滑型菌落。在克氏双糖铁培养基上，大肠杆菌分解葡萄糖、乳糖产酸，整个培养基变黄，不分解含硫氨基酸，无黑色沉淀形成。

(2) 伤寒杆菌不分解乳糖，在伊红美兰琼脂平板、SS琼脂平板上形成无色半透明、光滑、湿润、凸起的小菌落。产生H_2S的菌落可在SS琼脂平板上形成中心带黑褐色的小菌落。在克氏双糖铁培养基中，伤寒杆菌分解葡萄糖产酸，下层变黄，不分解乳糖产酸，上层仍为红色，分解含硫氨基酸产生H_2S有黑色沉淀形成。

(3) 志贺菌不分解乳糖，在伊红美蓝琼脂平板、SS琼脂平板上形成无色半透明、光滑、湿润、凸起的中等大小菌落。在克氏双糖铁培养基上，志贺菌分解葡萄糖产酸，下层变黄，不分解乳糖产酸，上层仍为红色，不分解含硫氨基酸，无黑色沉淀形成。

大肠埃希菌、痢疾杆菌和伤寒杆菌的菌落及生化反应特征鉴别详见表13-1。

表13-1 大肠埃希菌、痢疾杆菌和伤寒杆菌的菌落及生化反应特征

特征 / 菌名	EMB平板上菌落特征	SS平板上菌落特征	生化反应			动力	吲哚
			乳糖	葡萄糖	H_2S		
大肠杆菌	大，紫黑色，有金属光泽	较大，呈红色，不透明，光滑	+	⊕	—	+	+
痢疾杆菌	中等大小，无色半透明，光滑	较小，半透明，无色或淡黄色	—	+	—	—	+/—
伤寒杆菌	小，无色半透明	较小，半透明，无色或淡黄色	—	+	+/—	+	—

注意 ⊕产酸产气，“+”产酸或阳性，“—”阴性

二、致病性肠道杆菌快速检测的荧光菌球试验

荧光菌球试验是一种免疫荧光快速诊断技术，可用于检测粪便中肠道致病菌。其原理是在细菌培养物(胰蛋白胨水)中加入一定量的已知荧光抗体，然后接种粪便标本，若粪便中有相应的病原菌存在时，抗体即与之发生凝集，但细菌并不死亡仍能继续系列而集合成团，在荧光显微镜下呈现一团绒球样荧光，故称荧光菌球。以下以福氏志贺菌为例介绍

荧光菌球试验。

【实验材料】

(1) 福氏志贺菌 12 h 液体培养物。

(2) 抗福氏志贺菌荧光抗体(试验时用 2%胰蛋白胨水作 1∶50 稀释)。

(3) 2%胰蛋白胨水。

(4) 无菌的毛细吸管、载玻片、盖玻片、垫有湿纱布的有盖搪瓷盘。

(5) 荧光显微镜或简易的荧光装置(可用于普通光学显微镜检查)。

【实验方法】

(1) 取洁净载玻片三张,分别编号 1、2、3。通过火焰烧灼灭菌,用无菌的毛细吸管在每张玻片上分别加两大滴含 1∶50 荧光抗体的胰蛋白胨水。

(2) 用接种环取福氏志贺菌培养物一环加于第 1 滴蛋白胨水中,混匀、烧去种菌环上的余菌。

(3) 待接种环冷却后,从第 1 滴蛋白胨水中取一环至第 2 滴内。如此连续稀释至第3 滴。

(4) 将加样后的载玻片玻片置于垫有湿纱布的搪瓷盘内,放 37 ℃恒温箱内培养 9～18 h。

(5) 取出后,加盖玻片,置荧光显微镜下观察结果。

【实验结果】

在荧光显微镜下可见到绒球样发黄绿色明亮荧光的菌球。随着孵育时间增长,菌球结构致密,周围较圆,整齐,菌球周围有刺毛,孵育时间短时,菌球往往呈多形性。由于每滴培养液中接种细菌的数量不同,所形成的荧光菌球可有不同的大小,一般在一个视野中可见 2～3 个菌球为最好。

三、肥达试验

【实验目的】

掌握肥达试验(Widal test)的原理、结果判断及临床意义,熟悉操作过程。

【实验原理】

人体被伤寒杆菌或副伤寒杆菌感染后,体内能产生与这些细菌起特异性反应的抗体,这种抗体及其含量可以用已知细菌抗原来测定。本试验是用已知的伤寒杆菌 O、H 抗原(TO、TH)和甲、乙型副伤寒杆菌 H 抗原(PA、PB),与患者血清作定量凝集试验,以测定患者血清有无相应抗体,根据抗体含量多少及增长情况,可辅助诊断伤寒及副伤寒。

【实验材料】

(1) 1∶10 稀释的患者血清。

(2) 伤寒杆菌 O 菌液、H 菌液、甲、乙型副伤寒杆菌 PA、PB 菌液(9 亿～12 亿/ml)。

(3) 生理盐水、试管、吸管、恒温水浴箱等。

【实验方法】

(1) 将试管 28 支分成 4 排,每排 7 支,于每排的第 1 只管上分别注明 TO、TH、PA 和

PB,分别在各管内加入 0.5 ml 生理盐水。

(2) 于每排第 1 管各加入 0.5 ml 的 1∶10 患者血清,混匀。从每排的第 1 管各吸出 0.5 ml 分别加入各排的第 2 管,混匀。再于各排的第 2 管吸出 0.5 ml 分别加入各排的第 3 管,依次类推至第 6 管并从第 6 管弃去 0.5 ml,此为倍比稀释。即每管均从原体积溶液中取一半的量加入下一管进行稀释;如每管均从原体溶液中取 1/10 量加入下一管进行稀释为 10 倍稀释。各排第 7 管只加生理盐水 0.5 ml,不加血清,作为抗原对照组。

(3) 每排从第 7 管开始,由后向前加液,每管分别加入 0.5 ml 各自注明的相应菌液。注意 1 支试管只能用于加入一种菌液,不能各菌液混合使用。菌液加好后,振荡试管架数次混匀液体,置 37 ℃水浴箱水浴 18～24 h 后观察结果。表 13-2 为各排试管的操作示意图。

表 13-2 肥达试验操作程序 单位(ml)

	1	2	3	4	5	6	7
生理盐水	0.5	0.5	0.5	0.5	0.5	0.5	0.5
患者血清	0.5 ↘	0.5 ↘	0.5 ↘	0.5 ↘	0.5 ↘	0.5 ↘	弃去 0.5 不用
血清稀释度	1∶20	1∶40	1∶80	1∶160	1∶320	1∶640	
诊断菌液							
第一排 TO	0.5	0.5	0.5	0.5	0.5	0.5	0.5
第二排 TH	0.5	0.5	0.5	0.5	0.5	0.5	0.5
第三排 PA	0.5	0.5	0.5	0.5	0.5	0.5	0.5
第四排 PB	0.5	0.5	0.5	0.5	0.5	0.5	0.5
血清最后稀释度	1∶40	1∶80	1∶160	1∶320	1∶640	1∶1 280	—
	置 37 ℃温箱过夜或 56 ℃水浴 2 h						
记录结果							

【实验结果】

1. 结果判断

(1) 先勿摇动试管,避免凝块分散。观察时先看对照管,后看试验管。

(2) H 凝集呈絮状,以疏松之大团铺于管底,轻摇试管即能荡起,而且极易散开。"O"凝集呈颗粒状,以坚实凝片沉于管底,轻摇试管不易荡起,且不易散开。

(3) 凝集程度以"＋"、"＋＋"、"＋＋＋"、"＋＋＋＋"表示,不凝集者以"－"表示。"＋＋＋＋",表示完全凝集,管底为边缘不整齐的圆形凝块,上层液体清亮;"＋＋＋",表示大部分凝集,管底有部分凝集,上层液体微浑浊;"＋",表示小部分凝集,管底有少量凝块,上层凝块较浑浊;"－",表示无凝集,液体呈均匀混浊。

2. 结果解释

(1) 先观察对照管,正确结果应无凝集现象,再观察各试验管的凝集现象,凝集程度以"＋"多少表示之。

(＋＋＋＋)最强，上液澄清，细菌全部凝集沉淀于管底。

(＋＋＋)强，上液轻度混浊，细菌大部分凝集沉淀于管底。

(＋＋)弱，上液混浊，细菌少部分凝集。

(－)不凝，液体呈乳状与对照管相同。

(2) 结果判定：以能出现“＋＋”凝集现象的血清最高稀释度为该血清的凝集效价。O效价应达1∶80以上、H效价应在1∶160以上，PA和PB应达1∶80以上，有辅助诊断意义。

(3) 一般凝集效价超过正常凝集价时才有诊断意义，还应注意流行地区与非流行地区的诊断标准。

(4) 7 d后应重复采血检查，若血清效价上升4倍或4倍以上时，可做出判断。

(5) 对于伤寒沙门菌感染患者，要结合病程及临床表现作出判断，O与H抗体效价在诊断上的意义，见表13-3。

表13-3 沙门菌属感染者血清O与H抗体效价的诊断意义

O	H	PA	PB	诊断意义(可能)
升高	正常	正常	正常	肠热症早期/交叉反应
正常	升高	正常	正常	肠热症晚期/预防接种/非特异性回忆反应
升高	升高	正常	正常	伤寒
升高	正常	升高	正常	甲型副伤寒
升高	正常	正常	升高	乙型副伤寒
正常	正常	正常	正常	感染早期/非肠热症/免疫力低下/早期用药

四、病原性肠道杆菌的分离培养与鉴定原则

(一) 标本采集

(1) 疑为伤寒、副伤寒患者视病程不同取不同的标本。在发病初期(第1、2周内)取血，病程第2周起取粪便尿液进行分离培养。必要时取骨髓穿刺液作细菌培养。

(2) 疑似菌痢患者应在发病初期，服药前，取新鲜的脓血或粘液部分的粪便标本，液状粪便可挑取絮状物，置于无菌容器内及时送检。

(3) 粪便标如不能立即送检，可放入甘油缓冲盐水内，短期保存。无法取得粪便时，可采用肛拭法取材，即用无菌的特制取样玻管或灭菌棉拭经生理盐水或甘油缓冲盐水湿润后插入肛门内约4～5 cm处，轻轻旋转一周取出。

(4) 食物中毒及肠炎病例取粪便、呕吐及可疑食物标本。

（二）检查程序

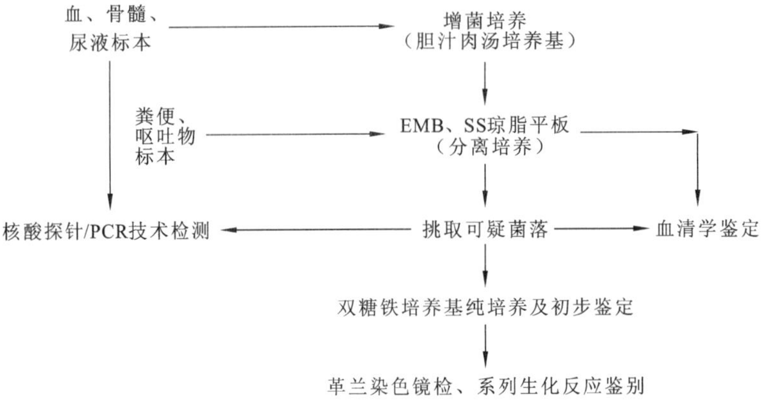

图 13-1　病原性肠道杆菌的分离培养与鉴定程序

（1）血液和骨髓穿刺液先增菌，粪便、肛拭材料、呕吐物等可直接划线接种于 EMB 及 SS 琼脂平板进行分离培养。必要时，同时接种适当的增菌培养基（如亚硒酸盐培养基、G-N 培养基等）进行增菌，37 ℃培养 16～20 h 后，转种至 EMB 或 SS 琼脂平板。

（2）从 EMB 或 SS 琼脂平板上挑取数个无色、半透明的可疑致病病落，分别接种于铁质双糖琼脂基，进行纯分离及初步鉴定。各种肠道杆菌铁质双糖琼脂上各种道杆菌的生长情况见表 13-4。

表 13-4　铁质双糖琼脂上各种肠道杆菌的生长情况

斜面	底部	H_2S	初步鉴定
+	+	−	非肠道感染细菌
−	−	−	非病原菌
−	+	+/−	副伤寒杆菌及其他沙门氏菌
−	+	−	伤寒杆菌
−	+	−	痢疾杆菌

（3）若 EMB 或 SS 琼脂平板上生长的可疑病菌菌落较多，有时甚至为纯培养（如经过增菌后的血液标本或急性菌痢患者的粪便材料），可直接取可疑菌落与沙门氏菌或痢疾杆菌多价诊断血清作玻片凝集试验，阳性结果可作初步报告。

（4）根据铁质双糖琼脂基初步鉴定结果，选择可疑菌株进一步作系列生化反应（单糖发酵、靛基质、尿素酶及其他酶类的活性测定）及动力检查，并用相应的肠道杆菌诊断血清作玻片凝集试验进行细菌的种和型别鉴定。

（5）综合生化反应，血清学鉴定及动力等特征，做出最后鉴定并报告检查结果。

【思考题】

(1) 大肠杆菌与伤寒杆菌大小相当,可为什么大肠杆菌革兰染色标本中的大肠杆菌与鞭毛染色中的伤寒杆菌大小相差比较悬殊?

(2) 大肠、变形、痢疾、伤寒杆菌及乙型副伤寒杆菌的鉴别要点是什么?

(3) 肥达反应为什么要用以上的四种抗原?分析肥达反应结果时应注意哪些方面的问题?

(孙剑刚　朱薿)

▶ 实验十四　霍乱弧菌 ◀

霍乱弧菌是引起霍乱的病原菌。霍乱是一种烈性传染病，熟悉霍乱弧菌的生物学特性和微生物学检查法，及时发现传染源和尽快确定病原体对于控制和消灭此病极为重要。

一、观察霍乱弧菌的形态及染色法

【实验目的】

(1) 掌握霍乱弧菌的形态及染色特征。

(2) 掌握霍乱弧菌活菌的镜下运动特点。

【实验材料】

(1) 霍乱弧菌革兰染色标本片。

(2) 霍乱弧菌碱性蛋白胨水培养物(可用水弧菌替代)。

【实验方法】

(1) 将标本片滴加香柏油后置于光学显微镜下观察霍乱弧菌的形态及染色特征。

(2) 取霍乱弧菌碱性蛋白胨水培幼龄养物做悬滴标本检查，在显微镜高倍镜头下观察活菌动力(具体操作步骤见实验二)。

【实验结果】

(1) 霍乱弧菌革兰染色标本片观察：革兰染色阴性，菌体稍弯曲，呈弧形或逗点状。用 1∶10 稀释的石炭酸复红染色易着色。

(2) 悬滴法观察霍乱弧菌动力：可见细菌具有活泼的动力，呈穿梭样或流星样运动。

二、霍乱弧菌的快速诊断方法

【实验目的】

熟悉荧光菌球法、协同凝集试验等霍乱弧菌的快速诊断方法。

【实验材料】

(1) 霍乱弧菌、霍乱弧菌荧光抗体、霍乱弧菌碱性蛋白胨水培养基、载玻片、荧光显微镜、恒温培养箱。

(2) 10%金黄色葡萄球菌(含 SPA)菌悬液、霍乱弧菌“O”多价诊断血清、PBS 洗涤液、生理盐水、病人的“米泔水”样粪便标本(或霍乱弧菌碱性蛋白胨水增菌培养物)、兔血清。

【实验方法】

1. 荧光菌球法

(1) 取霍乱弧菌接种于含一定量霍乱弧菌荧光抗体的碱性蛋白胨水培养基中，置

37 ℃恒温箱内培养 6～8 h。

(2) 取培养物 1 滴置于洁净载玻片上，盖上压玻片后置荧光显微镜下用低倍镜观察。镜下可见大而发亮、结构疏松、边缘不规则似卷法状的荧光菌球。

2. 协同凝集试验

(1) 取 1 ml 的 10％金黄色葡萄球菌(含 SPA)菌悬液，加 0.1 ml 霍乱弧菌“O”多价诊断血清，混和均匀。置 37 ℃恒温培养箱孵育 30 min，不时摇动。以 3 000 转/分离心沉淀 20 min，吸弃上清。沉淀菌用 PBS 洗涤液进行洗涤—离心沉淀两次，然后配制成 1％特异性 IgG-SPA 试剂(放 4 ℃冰箱内保存，可使用 1 周)。按相同方法用正常家兔血清与金葡萄制备 SPA 对照试剂。

(2) 将上述特异性 IgG-SPA 试剂及正常兔血清-SPA 对照试剂和生理盐水分别滴于 3 张洁净的玻片上，直接取病人的“米泔水”样粪便标本或取霍乱弧菌碱性蛋白胨水增菌液标本与 SPA 试剂充分混合均匀。同时作正常兔血清-SPA 对照试剂加标本及生理盐水对照。

特异性 IgG-SPA 试剂与待检标本混合后，在 2 min 以内出现肉眼可见的细菌凝集物，液体澄清者为阳性。正常兔血清-SPA 对照试剂加标本及生理盐水对照应无凝集现象发生。

三、霍乱弧菌的微生物学检查法

(一) 标本采集

病人标本以大便为主，取“米泔水”样粪便、呕吐物。采集的标本应尽快送实验室检查。

(二) 直接涂片镜检

从水泻便中取絮状物或黏液作直接涂片，革兰染色后观察典型形态。制作悬滴标本检查是否有“鱼群”样排列，运动高度活泼的弧菌。

(三) 分离培养

典型腹泻病人的“米泔水”样粪便含有大量病原菌，直接分离培养的阳性率很高。一般常规检查先将病人粪便、呕吐物或可疑带菌材料接种至碱性蛋白胨水培养基进行增菌培养。经 37 ℃培养 6～8 h 后，霍乱弧菌常在液面形成薄薄的菌膜。取表面生长物涂片、染色镜检和动力检查及进一步分离培养。必要时再转种碱性蛋白胨水培养基作二次增菌，可提高检出率。

检查程序见图 14-1：

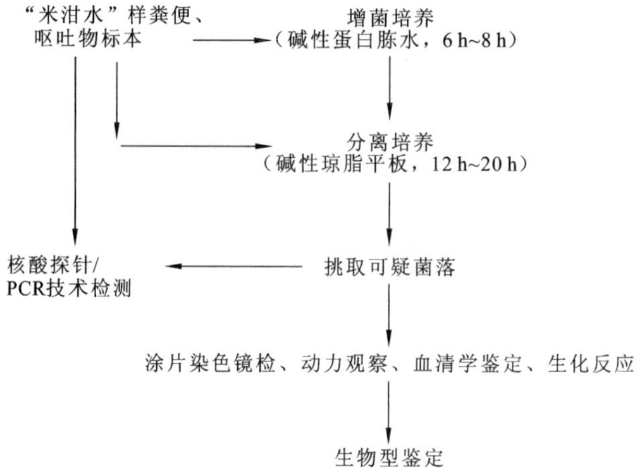

图 14-1　霍乱弧菌的微生物学检查程序

（四）鉴　　定

1．玻片凝集试验

霍乱弧菌在碱性琼脂平板上 37 ℃孵育 12～20 h 后，形成圆形、稍凸或扁平、湿润、无色、透明或半透明菌落。挑取可疑菌落与霍乱弧菌"O"多价诊断血清作玻片凝集实验，并以生理盐水作对照。如对照亦呈现凝集时，改用 0.3％盐水稀释的诊断血清作凝集试验，可不发生自凝而出现真正凝集。必要时可再用 O-1 群霍乱菌分型血清作玻片凝集试验进行血清学分型。

2．形态及动力观察

新分离的霍乱弧菌形态较典型，革兰染色阴性，菌体弯曲，呈弧形或逗点状。运动活泼。

3．糖发酵试验

将待检菌接种至蔗糖、甘露糖及阿拉伯胶糖发酵管，37 ℃培养 24 h 后观察结果。霍乱弧菌能分解蔗糖、甘露糖不产气，不发酵阿拉伯胶糖。

4．霍乱红试验（亚硝基靛基质反应）

将待检菌接种于硝酸盐胨水（蛋白胨须含有充足的色氨酸），37 ℃培养 24 h 后，在胨水培养物内滴加数滴浓硫酸，摇匀，在数分钟内呈现红色反应，即为霍乱红试验阳性。但其他非致病性弧菌亦有此反应，故不能单凭此鉴定为霍乱弧菌。

5．试管凝集试验

对一次流行的首批分离菌株和某些不典型的菌株（如玻片凝集微弱，生化反应异常）可作试管定量凝集试验进一步鉴定。

【实验材料】

(1) 待检菌液:先经过 100 ℃加热 2 h 后,稀释为 10 亿菌/ml。

(2) 霍乱菌"O"多价诊断血清、生理盐水。

(3) 小试管、吸管等。

【实验方法】

(1) 将霍乱弧菌"O"多价诊断血清用生理盐水自 1∶5开始作倍比稀释原效价。每管 0.5 ml,最后一管加 0.5 ml 生理盐水,作为对照。

(2) 于各管内加入待检菌菌液 0.5 ml,摇匀。置 37 ℃水浴箱内 3～4 h 或 52 ℃水浴箱内 2 h 后,观察初步结果。再置室温过夜后,观察最后结果。

【实验结果】

以出现"++"凝集的血清最高稀释倍数作为凝集效价。凝集效价达到或超过血清原效价一半者即有诊断意义。

(五) 霍乱弧菌的生物型别鉴定

1. 噬菌体裂解试验

【实验材料】

(1) 待检菌 2～3 h 肉汤培养物。

(2) 第 IV 组霍乱弧菌噬菌体(浓度为 10^6 cfu/ml)。

(3) 营养琼脂平板,生理盐水,2.5%鸡红细胞生理盐水。

【实验方法与结果】

(1) 将待检菌的 3 h 肉汤培养物涂布于经 37 ℃预温 30 min 的琼脂平板表面。

(2) 待干后,滴加第 IV 组霍乱弧菌噬菌体 1 滴,37 ℃培养 6 h,观察有无噬斑。

2. 鸡红细胞凝集试验

【实验材料】

(1) 检菌 18 h 培养物、灭菌生理盐水、鸡红细胞。

(2) 无菌毛细吸管、载玻片、接种环、酒精灯。

【实验方法】

(1) 用无菌毛细吸管在载玻片滴加 1 滴灭菌生理盐水,用接种环取待检菌 18 h 培养物少许,在盐水中制成浓厚悬液。

(2) 然后加 1 滴经洗涤 3 次配成的 2.5%鸡红细胞生理盐水悬液,充分混匀。

【实验结果】

肉眼观察结果,1 min 内出现明显凝块者为阳性。

3. V-P 试验(见实验七)

4. 多粘菌素 B 敏感试验

【实验材料】

(1) 1.5%肉汤琼脂,多粘菌素 B。

(2) 待检菌液:先经过 100 ℃加热 2 h 后,稀释为 10 亿菌/ml。

【实验方法与结果】

(1) 将 1.5%肉汤琼脂加热融化,待冷至 50 ℃左右时,按 50 IU/ml 加入多粘菌素 B,摇匀,倾注平皿。

(2) 在平皿底面用腊笔划成若干区,分别编上待测菌号。

(3) 在编号区,分别滴加相应待测菌液,37 ℃培养 18～20 h 后观察结果。

5. 溶血试验

【实验材料】

(1) 待测菌 24 h 肉汤培养物。

(2) 3%绵羊红细胞悬液。

(3) 小试管、无菌吸管、恒温水浴箱、冰箱等。

【实验方法】

(1) 取小试管两支,于 1 管内加待测菌液 1 ml,另 1 管内加无菌肉汤作为对照。

(2) 于两管内各加 3%绵羊红细胞悬液 1 ml。

(3) 摇匀后,置 37 ℃恒温水浴箱水浴 2 h,初步观察结果,再放冰箱过夜,次日记录最后结果。

【实验结果】

对照管应不溶血,液体澄清,红细胞全部沉于管底。试验管出现部分溶血"++"(即约半数红细胞溶解,液体呈红色)即为溶血试验阳性,表 14-1 为霍乱弧菌两个生物型的鉴别。

表 14-1 霍乱弧菌两个生物型的鉴别

鉴别试验	古典型	E1Tor 型
V-P 试验	−	+(−)
鸡红细胞凝集试验	−(+)	+(−)
羊红细胞溶血试验	−	+(−)
多粘菌素 B 敏感试验	+	−(+)
第 IV 组霍乱噬菌裂解	+	−(+)

( )内表示少数菌株结果

【思考题】

(1) 简述霍乱弧菌的形态及培养特点。

(2) 如何进行霍乱弧菌的快速诊断?

(孙剑刚　朱巍)

▶ 实验十五　幽门螺杆菌 ◀

幽门螺杆菌(*Helicobacter pylori*,Hp)是 1982 年由 Marshall 等从胃黏膜活检组织中分离出一种革兰阴性微需氧菌。与人类 B 型胃炎、消化性溃疡以及胃癌有关。胃炎和胃溃疡患者体内 HP 的检出率约为 80%～100%,菌量在疾病活动时增多。该菌生化反应不活泼、不分解糖类,尿素酶丰富是鉴定的主要依据。标本采集一般是用胃镜钳取胃幽门部大弯处胃黏膜组织两块,一块进行快速尿素酶试验,另一块立即放在无菌容器内用无菌手术刀充分切碎,制成糊状以备培养及涂片镜检。

【实验目的】

(1) 掌握幽门螺杆菌的形态、染色和菌落特点。

(2) 熟悉幽门螺杆菌的分离培养与鉴定方法。

【实验材料】

(1) 菌种:幽门螺杆菌(或该菌感染的新鲜胃黏膜活检标本)。

(2) 布氏活性炭培养基,HP 快速尿素酶试剂检测试剂盒、混合气体(85% N_2、10% CO_2、5% O_2)。

(3) 试剂:革兰染液、生理盐水、1%马尿酸钠水解溶液、氧化酶试剂、3% H_2O_2。

(4) 其他:厌氧培养箱、无菌镊子、接种环、酒精灯、无菌棉签、无菌盐水。

【实验方法】

1. 形态观察

(1) 革兰染色镜下检查:取 HP 或活检组织糊状液均匀涂片进行革兰染色,染色后标本片加香柏油镜检。

(2) 悬滴法检查动力:取 1 环组织糊状液或 HP 与生理盐水混合,制成悬滴压片镜检,在显微镜高倍镜头下观察活菌动力(具体操作步骤见实验二)。

2. 菌落观察

(1) 将 HP 或活检组织糊状液划线接种布氏活性炭培养基。

(2) 将已接种完成的培养基立即置于厌氧培养箱中进行微需氧培养(或烛缸培养法),经 37 ℃培养 3～5 d。后形成圆形、扁平、湿润、半透明、灰白色小菌落、菌落周围形成狭窄 β 溶血环。

3. 生化反应

由于 HP 的形态、染色和菌落特性与其他菌如空肠弯曲菌很相似,因此生化反应和耐受实验在鉴定中非常重要。可取 HP 菌落作氧化酶、触酶、马尿酸水解实验、H_2S 生成实验、1%甘氨酸及 3.5% NaCl 生长实验。结果见表 15-1。

表 15-1 幽门螺杆菌的生化反应

	氧化酶	触酶	马尿酸水解	H_2S生成	生长试验	
					1%甘氨酸	3.5% NaCl
幽门螺杆菌	+	+	−	+	+	−

(1) 活检组织快速脲酶试验。该实验为目前 HP 的主要鉴定试验，其方法如下：使用前取出底物微孔药物条，每孔加入反应液 2 滴，待药膜完全溶解后，用无菌镊子将新鲜胃黏膜组织置于药液内，在 10 ℃～30 ℃条件下孵育 3 min 后观察结果。

(2) 触酶实验。用接种环挑取 HP 菌落涂在洁净的载玻片上，加 1 滴 3%过氧化氢于涂片上，观察结果。

(3) 氧化酶实验。取 HP 菌落涂于滤纸上，滴加 2～3 滴氧化酶试剂于其上，10 s 内观察结果。

(4) 马尿酸水解实验。取接种环 HP 菌培养物于 0.4 ml 的 1%马尿酸钠溶液中，混均制成乳白色悬液，37 ℃水浴 2 h。沿管壁加 0.2 ml 的 3.5%茚三铜，再水浴 10 min 后观察结果。

【实验结果】

1. 形态观察结果

(1) 革兰染色镜下观察 HP 形态与染色性：幽门螺杆菌呈革兰阴性、S 形、弧形或海鸥状，散在或成簇排列。

(2) 悬滴法观察 HP 动力：可见 HP 具有活泼的动力，呈穿梭样样运动。

2. 菌落特征观察结果

可见培养基表面长出圆形、扁平、湿润、半透明、灰白色微小菌落，菌落周围形成狭窄 β 溶血环。

3. 生化反应结果

(1) 活检组织快速脲酶实验：试剂变为红色或紫红色者即为阳性，表示有 HP 感染。试剂不变色者阴性。

(2) 触酶试验：30 s 内产气泡者为阳性。不产生气泡者为阴性。

(3) 氧化酶实验：试剂与细菌接触 60 s 内出现紫红色者为阳性。不变色者为阴性。

(4) 马尿酸水解实验：变紫色为阳性，不变色为阴性，HP 为试验阴性。

【思考题】

1. 如何对幽门螺杆菌进行微生物学鉴定？

(孙剑刚　朱巍)

▶ 实验十六　厌氧性细菌 ◀

厌氧性细菌是一大群需在无氧环境中生长的细菌，能形成芽胞或无芽胞；革兰染色为阳性或阴性的杆菌和球菌。厌氧芽胞杆菌的芽胞往往大于菌体，使菌体膨胀成梭状，故名梭状芽胞杆菌。根据芽胞的形态和形成部位，有助于细菌的鉴别。多数为腐生菌，引起人类疾病的主要有破伤风梭菌（破伤风）、产气荚膜梭菌（气性坏疽），肉毒梭菌（食物中毒）及艰难梭菌（假膜性肠炎）等。厌氧无芽孢细菌种类繁多，在数量和种类上远远超过厌氧芽胞菌，厌氧菌败血症中此菌占50%～90%，在临床上占有非常重要的地位。

一、破伤风梭菌、产气荚膜梭菌、肉毒梭菌革兰染色标本片观察

【实验目的】

了解重要的厌氧芽胞梭菌的形态染色特点。

【实验材料】

（1）标本：破伤风梭菌、产气荚膜梭菌、肉毒梭菌革兰染色标本片。

（2）光学显微镜、香柏油、擦镜纸、酒精乙醚。

【实验方法】

将标本片滴加香柏油后置于光学显微镜下观察各菌形态及染色特征。

【实验结果】

（1）破伤风梭菌革兰染色标本片：革兰染色阳性细长杆菌，有周鞭毛，无荚膜，芽孢正圆形，位于菌体顶端，直径大于菌体，呈鼓槌或火柴棒状，为本菌鉴定特征之一。无规则排列。早期芽孢和菌体染色一致，以后芽孢不易着色呈空泡状。用芽孢染色法菌体染成蓝色，芽孢染成红色。

（2）产气荚膜梭菌：革兰染色阳性粗大杆菌，芽胞椭圆形，无色透明，不大于菌体直径，位于菌体中央或次极端，单独或成双排列，菌体周围有明显荚膜。

（3）肉毒梭菌：革兰染色阳性粗短梭菌，芽胞椭圆形，无色透明，大于菌体直径，位于次极端，使菌体呈匙形或网球拍状，无规则排列。

二、常用厌氧培养法

【实验目的】

了解常用的厌氧培养法。

【实验原理】

（1）疱肉培养基内含肉渣，液面上有凡士林隔绝氧气，肉渣中含不饱和脂肪酸和还原

性化合物(谷胱甘肽)两种物质。前者氧化时能消耗溶解于培养基中的氧气，后者可使培养基中的氧化还原电势下降而造成厌氧环境，故适合于培养厌氧菌。

(2) 焦性没食子酸加碱性溶液能迅速而大量地吸收氧，生成深棕色的焦性没食子橙，是有效的化学除氧方法。它能在任何密闭容器内迅速造成厌氧环境，每容器按 100 ml 容积加 1 克焦性没食子酸和 0.5 g/ml 碳酸氢钠溶液 2 ml。

(3) 厌氧罐是由塑料、有机玻璃或金属制成的圆柱形容器，罐口与盖子通过有旋钮的金属夹子紧紧封闭，有的在盖子上安装有压力表和通气阀门，以便抽换气体。厌氧罐能提供一个适合的厌氧环境，因此非常适合进行厌氧培养。

【实验材料】

破伤风梭菌、产气荚膜梭菌、肉毒梭菌的疱肉基培养物。

【实验方法与结果】

1. 疱肉培养基培养法

接种时，先将培养基凡士林处置于火焰上，微加热先使凡士林溶化，然后接种，接种完毕后再微加热，最后将培养基直立于试管架上，使凡士林密封后，置 37 ℃温箱培养。接种后如有细菌生长，则肉汤混浊，肉渣被消化使之变黑，有腐臭、产气不等。

2. 焦性没食子酸法

(1) 平皿法：于血平板上划线接种厌氧菌，在皿盖(或玻璃板)上铺上薄层纱布，将焦性食子酸 0.5 g 置于纱布上，滴入 1 ml 碳酸氢钠溶液，立即将接种好的平板扣在皿盖底上，并用溶化石蜡密封四周，置 37 ℃温箱培养。

(2) 试管法：将厌氧菌接种于一只小号试管斜面培养基上，在另一只大号空试管内放入几粒玻璃珠，将焦性没食子酸置于玻璃珠上，滴入碳酸氢钠溶液，立即将接种好的小试管斜面培养基放入大试管内，并用橡胶塞塞紧，蜡封管口，置 37 ℃温箱培养。

3. 厌氧罐法

(1) 抽气换气法：在一般实验室比较适用，是将接种有厌氧菌的平板或试管放入厌氧罐内，同时放入催化剂(钯)和美蓝指示剂管，拧紧盖子，开始用真空泵抽气，使负压表指针回到 0 位，然后灌入高纯氮气。如此反复抽气和灌气 2～3 次，最后一次灌入混合气体(混合气体是厌氧菌培养不可缺少的，H_2 在催化剂的作用下与罐内残余的 O_2 化合成 H_2O；CO_2 则是厌氧菌生长繁殖所需的气体)。封闭气道，将厌氧罐置 37 ℃温箱培养。

(2)气体发生袋法：此法更适用于床旁接种和远离实验室的厌氧菌培养。除不需真空泵和气体瓶外，其他设备器材与抽气换气法相同，气体发生袋是利用两种药片，一种含有枸橼和小苏打；另一种含硼氢化钠。前者遇水释入出 CO_2，后者遇水释放出 H_2。

4. 厌氧袋法

此法利用一种透明而不透气的塑料袋，内装气体发生管、美蓝指示剂管。用时将接种好的平板放入袋内，挤出袋内空气，将袋口用大铁夹夹紧封闭，然后折断气体发生管，随即产生 CO_2 和 H_2，气袋膨胀、袋壁上出现水滴。半小时后，袋内化学反应完成，袋内已无游离氧，此时折断美蓝指示剂管，美蓝仍为无色，表明厌氧环境造成，即可放入 37 ℃温箱培养。

三、破伤风梭菌、产气荚膜梭菌、肉毒梭菌的培养特征

【实验目的】

熟悉重要厌氧菌的培养特性。

【实验材料】

(1) 菌种:破伤风梭菌、产气荚膜梭菌、肉毒梭菌的疱肉基培养物。

(2) 溴甲酚紫牛乳培养基、疱肉培养基。

(3) 接种环、酒精灯、固体石蜡。

【实验方法】

(1) 疱肉培养基接种:火焰加热疱肉培养基试管壁,融化凡士林,分别在培养基内接种破伤风梭菌、产气荚膜梭菌、肉毒梭菌,置 37 ℃培养 48～72 h,观察结果。

(2) 溴甲酚紫牛乳培养基接种:将产气荚膜梭菌接种于溴甲酚紫牛乳培养基中,培养基表面用无菌凡士林覆盖,置 37 ℃培养 48～72 h,观察结果。

【实验结果】

1. 破伤风梭菌、产气荚膜梭菌、肉毒梭菌在疱肉培养基上的生长现象

(1) 破伤风梭菌:在疱肉培养基中生长后,培养基变混浊,产酸,肉渣部分消化微变黑,有少量气体。生成的甲基硫醇、H_2S 等使培养物变臭,使液面固体石蜡推向上方。

(2) 产气荚膜梭菌:在疱肉培养基中生长后,肉汤混浊,肉渣变成粉红色,不被消化,产生大量气体,多于破伤风梭菌、肉毒梭菌,将液面石蜡推向上方。

(3) 肉毒梭菌:在疱肉培养基中生长后,肉汤混浊,消化肉渣,使变黑,有腐臭、产生气体,将液面石蜡推向上方。

2. 观察产气荚膜梭菌在牛乳培养基中的生长现象

产气荚膜杆菌在牛乳培养基中的生长时,能分解糖产酸、产气。产生的酸能把酪蛋白凝固,产生的大量气体使凝固的酪蛋白呈蜂窝状,大量气体形成的高压使酪蛋白和隔绝氧气的凡士林石蜡冲向试管口,气势汹涌,称为"汹涌发酵"现象,为本菌的特点之一。

【注意事项】

(1) 接种疱肉培养基或从其中取菌种后,所用接种环应在火焰中心烧灼灭菌,以避免芽胞暴散周围而造成污染或传染。

(2) 在使用厌氧袋作厌氧培养时,折断气体发生管后,应将袋竖直,使气体发生管管口朝上,以防液体冲出管外,减少气体产生量。

四、破伤风梭菌及产气荚膜梭菌动物实验

【实验目的】

了解破伤风梭菌及产气荚膜杆菌动物实验的方法。

【实验材料】

（1）破伤风梭菌庖肉基培养物、破伤风抗毒素、正常小白鼠、注射器等。

（2）产气荚膜梭菌庖肉基培养物、正常小白鼠、注射器、恒温箱培养等。

【实验方法】

1. 小白鼠破伤风毒素抗毒素中和实验

（1）用无菌注射器吸取破伤风梭菌菌液 0.1～0.2 ml，注入小白鼠尾根部皮下。

（2）另取 0.1～0.2 ml 菌液加破伤风抗毒素 500～1 000 IU 混和后，注入另一只小白鼠的尾根部作为对照。

2. 产气荚膜梭菌毒力实验

（1）吸取产气荚膜梭菌培养物 0.2～0.5 ml，注入小白鼠腹腔（或静脉内）。

（2）5～10 min 后，用颈椎断裂法将动物处死，放于 37 ℃恒温箱培养中培养培养 5～8 h。

【实验结果】

（1）小白鼠破伤风毒素抗毒素中和实验：实验动物出现尾根及后肢痉挛性强直症状及发生死亡。

（2）产气荚膜梭菌毒力实验；动物尸体出现膨胀气肿现象。解剖动物可见脏器及肌肉内有大量气泡，尤以肝脏明显，称为“泡沫肝”。取内脏组织或心血涂片检查，可发现大量产气荚膜杆菌。

五、观察脆弱类杆菌的形态和培养特性

【实验目的】

熟悉脆弱类杆菌的形态和培养特性。

【实验材料】

（1）脆弱类杆菌、消化链球菌革兰染色标本片。

（2）脆弱类杆菌、消化链球菌庖肉基培养物、牛心浸液血平板。

（3）厌氧培养箱、接种环、酒精灯。

【实验方法】

（1）将脆弱类杆菌、消化链球菌革兰染色标本片滴加香柏油后置于光学显微镜下观察细菌形态及染色特征。

（2）从脆弱类杆菌、消化链球菌庖肉基培养物中各取少许菌液接种于牛心浸液血平板上，作分区划线接种，置 37 ℃厌氧培养箱培养 24～48 h，观察细菌生长情况。

【实验结果】

1. 形态与染色性观察

（1）脆弱类杆菌为革兰阴性短小杆菌，无芽胞、无鞭毛。呈多形性，长短不一，着色常较浅，不均匀，有时两端有浓染，中间淡染如空泡，有的呈丝状或球杆状。

（2）消化链球菌为革兰阳性球菌，圆形或卵圆形，多见成双、成对排列或成散在不规则排列。

2. 菌落特征

(1) 脆弱类杆菌：灰白色，1～3 mm，园形凸起，边缘整齐，半透明，一般不溶血。

(2) 消化链球菌：灰白色，不透明、边缘整齐凸起的小菌落，不溶血。

【思考题】

(1) 破伤风梭菌有何形态及染色特征？

(2) 未接种的正常疱肉培养基和接种厌氧菌的疱肉培养基有何差异？

（孙剑刚　朱蕤）

▶ 实验十七　分枝杆菌属 ◀

分枝杆菌属是一类细长略弯曲的杆菌，常有分枝生长的趋势，故名。一般不易着色，染色时需加温或延长染色时间。但着色后能抵抗酸酒精的脱色，故又称抗酸杆菌。专性需氧。营养要求较高，大多数生长缓慢。引起人类疾病的主要是结核杆菌和麻风杆菌，后者尚不能人工培养。此外，尚有一个包括庞大菌群的非结核分枝杆菌，又称非典型分枝杆菌，其中有些也能使人致病，近年来在我国也有逐渐增多的趋势。

一、结核杆菌的培养特性

【实验目的】

了解结核杆菌的培养特性。

【实验材料】

(1) 结核杆菌在改良罗氏(Lowenstein)培养基的培养物、结核病人痰液标本、罗氏培养基上、液体培养基内(苏通氏培养基、小川培养基、血清酸性培养基等)。

(2) 接种环、酒精灯、CO_2培养箱。

【实验方法】

(1) 固体培养基：结核杆菌接种在罗氏培养基上，在 37 ℃ CO_2培养箱中培养 4～6 周，观察细菌生长情况。

(2) 液体培养基：标本材料先经酸碱处理后再接种于液体培养基，结核杆菌为专性需氧菌，CO_2培养箱中 35 ℃培养 1～2 周，观察细菌生长情况。

【实验结果】

(1) 固体培养基上菌落特征：可见培养基表面呈现乳白色或米黄色隆起、表面粗糙、边缘不整齐、干燥、较坚硬的形似椰菜花样菌落。

(2) 液体培养基内生长情况：可见培养基表面形成污灰、干燥、有皱褶的菌膜。

二、结核病人标本的细菌学检查

(一) 标 本 采 集

痰液标本的采集以清晨为最好。嘱患者先用清水漱口数次，除去口腔内大部分杂菌，然后自气管深部咳出痰液，吐入洁净容器内送检。痰液如不能立即检查，应放冰箱内，以防止杂菌滋长。根据不同病变部位取相应材料送检的原则，除痰液外，脓汁、脑脊液、洗胃液、尿及粪便等标本亦可用于检查结核杆菌。

（二）结核杆菌的痰标本的抗酸染色检查

【实验目的】

（1）掌握抗酸染色法的操作技术与结果判断。

（2）掌握结核杆菌的形态染色特点。

【实验材料】

（1）结核病人痰液。

（2）抗酸染液、载玻片、酒精灯等。

【实验方法】

1. 涂片的制备

取患者清晨咳出的第一口黏痰液，用棉拭子小心沾取痰液少许作涂片，涂片自然干燥后，通过火焰固定，然后进行染色。

2. 染色方法

（1）置标本片于染色架上，玻片上加一小块吸水纸片（防止染液流洒），然后滴加石炭酸复红液盖满整个材料，在酒精灯上微微加热，直到染液冒蒸汽为止（不可煮沸，染液蒸发减少时，可适当补充，以防止干涸，出现染料沉渣），加热维持 3～5 min，冷后用水冲洗。

（2）用 3%盐酸酒精脱色数次（30 s 左右），至无红色为止。然后用水轻轻冲洗，使剩余盐酸酒精充分洗净。

（3）滴加美蓝液 1～2 滴，染 1 min，水洗，用吸水纸印干或待自干后油镜观察。

【实验结果】

（1）结核杆菌染成红色，细长，直的或为微弯曲，有的可表现出分枝特征，偶而有着色不匀，成颗粒状者。亦可以见到有纵行条索状排列。标本的其余部分及非抗酸性细菌染成蓝色。必须逐一观察各个视野，直待全部涂片找不到结核杆菌时，才可报告阴性。

（2）涂片染色能查到结核杆菌者，一般痰液内含菌量至少应有 500 个/ml 以上，甚至需达到 50 000 个/ml 以上。故材料多进行浓缩集菌处理，以提高检出阳性率，也造成在染色标本片观察中，不一定每个视野都能看到结核杆菌。

（3）结核杆菌易发生变异，在陈旧培养基或临床治疗后标本材料中，结核杆菌往往菌体断裂，或形成非抗酸性革兰阳性的短杆状、球状颗粒，亦称 Much 颗粒。

（三）结核杆菌动物试验

豚鼠对结核杆菌具有高度易感性，故在某些情况下可利用豚鼠分离结核杆菌，或试验被分离菌株的毒力。动物经后肢皮下注射结核杆菌后，经过两周开始在腹股沟部淋巴结肿大，软化，形成溃疡。动物死后尸体解剖，在肝、脾、肺、肾等脏器内常有灰白色或淡黄色的小结节样病变，腹股沟淋巴腺及后腹壁的淋巴腺中心部有干酪样变性。

【实验目的】

了解结核杆菌动物试验。

【实验材料】

（1）动物：体重 200～250 g 豚鼠 2 只。

（2）结核杆菌培养物或结核病人检验材料（痰、尿、粪、腹水等材料经浓缩集菌）。

（3）注射器及消毒用材料等。

【实验方法与结果】

（1）选取结核菌素试验为阴性的豚鼠两只。

（2）吸取结核杆菌悬液或病人检验材料，注入豚鼠腹股沟皮下 0.1 ml。

（3）注射后每周定期检查一次，观察豚鼠腹股沟淋巴结是否肿大，局部变硬，化脓及体重减轻、体温升高等毒性反应。

（4）给豚鼠作结核菌素试验，是否出现阳性结果。

（5）感染 6 周后，将豚鼠进行解剖，观察淋巴结是否肿大，有无干酪性病变，肝、脾、肺等是否肿大，表面有无灰白色结节病灶，取可疑病灶进行涂片染色镜检和分离培养。若为阳性结果，可报告"动物接种后××天查到有结核菌感染"。如无症状及病变者，可报告为阴性。

三、结核分枝杆菌检验程序

结核病人病灶中查到结核杆菌，是病原学诊断的重要依据，根据感染部位不同，可采集病人的痰、尿、粪便、脑脊液、胸腹水、胃液等，按以下程序进行检验。

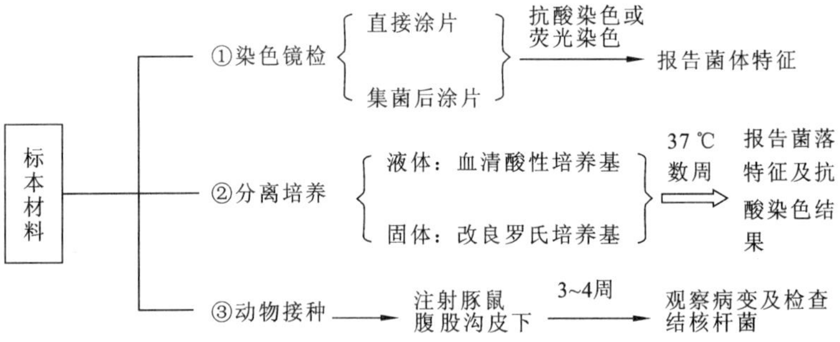

图 17-1　结核分枝杆菌检验程序

【思考题】

（1）在抗酸染色时，为什么能将结核杆菌染色红色，而其他非抗酸性菌则染为蓝色？

（2）为何结核杆菌具有抗酸性？

（3）结核分枝杆菌的培养特性与临床上的一般病原菌有何不同？

（孙剑刚　朱巍）

▶ 实验十八　棒状杆菌属 ◀

棒状杆菌为革兰阳性杆菌，其中包括多种细菌，但对人类致病的主要是白喉杆菌。白喉杆菌是白喉的病原菌，能产生强烈的外毒素，是白喉杆菌引起疾病的主要因素。白喉杆菌菌体细长，有异染颗粒，从白喉病变部位取材，进行涂片染色镜检，有助于临床诊断，但需与正常人咽喉部的类白喉杆菌加以区别。

一、白喉棒状杆菌的染色与菌落形态观察

【实验目的】

了解白喉杆菌的形态染色特点及菌落特征。

【实验材料】

（1）白喉杆菌吕氏血清斜面 18 h 纯培养物。

（2）亚碲酸钾血平板白喉杆菌培养物。

（3）美蓝染色液、奈瑟染色液。

【实验方法】

（1）观察白喉棒状杆菌在吕氏血清斜面上的生长情况及在亚碲酸钾血平板上的菌落特征。

（2）取两张玻片，用吕氏血清斜面白喉棒状杆菌培养物分别在三张玻片上作涂片，自然干燥，火焰固定后，分别用美蓝染色法、奈瑟染色法染色，待干镜检。

· 美蓝染色法：滴加美蓝染色液 1～2 滴于固定的涂片标本，染色 1 min，水冲洗。

· 奈瑟染色法：涂片加热固定后，以甲液染 3 min，水洗；再以乙液染 1 min，水洗。

【实验结果】

（1）白喉棒状杆菌的菌落特征：白喉棒状杆菌在吕氏血清斜面上的生长呈灰白色，圆形隆起、表面湿润的菌落；在亚碲酸钾血平板上，由于白喉棒状杆菌在生长时吸收亚碲酸盐，故形成特殊的灰黑色菌落。

（2）镜下形态观察：用美蓝染色法时，菌体呈不均匀的蓝色，菌体二端呈现深蓝色的异染颗粒；奈瑟染色时，可见菌体中被染成黑色的异染颗粒，菌体呈黄褐色。异染颗粒为棕褐色细菌排列不规则，常呈 V 形、Y 型、W 型排列。

二、毒力试验

（一）体内法—体内中和试验

【实验材料】

（1）白喉杆菌 48 h 肉汤培养物。

（2）动物：体重 200～250 g 豚鼠 4 只。

（3）一次性无菌注射器，白喉抗毒素。

【实验方法】

将待检菌的 48 h 肉汤培养物 2 ml 注射实验组豚鼠皮下，对照组豚鼠于 12 h 前腹腔内注射白喉抗毒素 500 IU 后，再于皮下注射待检菌 48 h 肉汤培养物 2 ml。观察动物是否发病死亡。

【实验结果】

若过 2～4 d 天后实验组动物死亡而对照组动物存活，则表明待检菌能产生白喉毒素，为试验阳性。

（二）体外法—琼脂 Elek 平板毒力试验

【实验材料】

（1）蛋白胨肉汤或牛肉消化液的琼脂平板。

（2）待检菌和白喉杆菌产毒株。

（3）白喉抗毒素（1 000 IU/ml）的滤纸片，恒温培养箱。

【实验方法】

在蛋白胨肉汤或牛肉消化液的琼脂平板上，平行接种待检菌和阳性对照产毒株，然后垂直铺一条浸有白喉抗毒素（1 000 IU/ml）的滤纸片。37 ℃孵育 24～48 h，观察结果。

【实验结果】

阳性结果为滤纸条与菌苔交界处出现有白色沉淀线，说明待检菌产白喉外毒素。

【思考题】

（1）患者微生物检查有何重要意义？初步诊断的依据是什么？

（孙剑刚　朱巍）

▶ 实验十九　其他革兰阴性杆菌 ◀

一、观察流感杆菌、百日咳杆菌、布氏杆菌与鼠疫杆菌的形态及染色性

【实验目的】

熟悉流感杆菌、百日咳杆菌、布氏杆菌与鼠疫杆菌的形态及染色特性。

【实验材料】

流感杆菌、百日咳杆菌、布氏杆菌与鼠疫杆菌的革兰染色标本片。

【实验方法】

将标本片滴加香柏油后置于光学显微镜下观察各菌形态及染色特征。

【实验结果】

(1) 流感杆菌:革兰阴性短小球形杆菌,常呈多形性:球杆状、长杆状,少数呈丝状。

(2) 百日咳杆菌:革兰阴性短小杆菌,两端着色较深。

(3) 布氏杆菌:革兰阴性,球杆状小杆菌。

(4) 鼠疫杆菌:革兰阴性,卵园形短粗杆菌。用碱性美兰染色,菌体两端浓不杂。陈旧培养物及在含 3%氯化钠琼脂培养基上常呈明显的多形态(衰残型)。

二、观察流感杆菌菌落形态及“卫星现象”

【实验目的】

熟悉流感杆菌菌落及生长特征。

【实验材料】

(1) 流感杆菌、金黄色葡萄球菌、巧克力色琼脂平板。

(2) 接种环、酒精灯、恒温培养箱。

【实验方法】

将流感杆菌划线接种于巧克力色琼脂平板,同时在已接种细菌的培养基表面分散点种黄色葡萄球菌。将接种好细菌的培养基置于恒温箱,37 ℃培养 18～24 h 后观察结果。

【实验结果】

在巧克力色琼脂平板表面可见流感杆菌形成无色透明、露滴状小菌落,在靠近葡萄球菌菌落四周生长的菌落较大;离葡萄球菌菌落越远,则流感杆菌的菌落就越小。因为葡萄球能合成较多的 V 因子,可供给流感杆菌生长,此现象称为“卫星现象”。

三、观察百日咳杆菌菌落形态

【实验目的】

了解百日咳杆菌菌落形态特征。

【实验材料】

(1) 患儿鼻咽部分泌物/飞沫、鲍-金氏培养基。

(2) 无菌棉拭、恒温培养箱。

【实验方法】

用无菌棉拭从患儿鼻咽部取材,或以咳蝶法使患儿咳出的飞沫直接喷射于鲍-金氏培养基上。将培养基置于恒温箱,37 ℃培养 2～3 d 后观察结果。

【实验结果】

在鲍-金氏培养基表面可见细小、光滑、凸起、银灰色、不透明的珍珠状的百日咳杆菌菌落,周围有不清晰的溶血环。根据菌落形态、涂片染色镜检可作出初步诊断。

(孙剑刚　朱巍)

▶ 实验二十　需氧芽孢杆菌 ◀

需氧芽孢杆菌是一群革兰阳性的大杆菌，在有氧环境中生长良好，易形成芽孢。营养要求不高。其中炭疽杆菌是引起人畜共患疾病炭疽的病原菌。蜡样杆菌能引起食物中毒。类炭疽杆菌及枯草杆菌等大多为常见污染菌，仅少数菌株偶尔可引起人类疾病。但其生物学特性与炭疽杆菌有相似之处，应加以识别。

一、观察炭疽杆菌与枯草杆菌的形态及染色性

【实验目的】

掌握炭疽杆菌与枯草杆菌的形态及染色特点。

【实验材料】

炭疽杆菌与枯草杆菌的革兰染色标本片。

【实验方法】

将标本片滴加香柏油后置于光学显微镜下观察各菌形态及染色特征。

【实验结果】

将标本片滴加香柏油后置于光学显微镜下观察各菌形态及染色特征。

（1）炭疽杆菌：革兰阳性粗大杆菌，两端平截有时略为凹陷。纯培养呈长链，菌体相喧器处有清晰的间隙如竹节状。芽胞小于菌体，呈卵园形，位于菌体中央。在机体内或血清培养基中可形成荚膜，厚薄均匀明显。

（2）枯草杆菌：革兰阳性粗大杆菌，两端钝园，呈短链或长链状排列，芽孢小于菌体，呈卵圆形，位于中央或近端，无荚膜。

二、炭疽杆菌、蜡样杆菌、枯草杆菌培养特性的比较

【实验目的】

认识炭疽杆菌、蜡样杆菌、枯草杆菌培养特点和菌落特征。

【实验材料】

（1）菌种：炭疽杆菌、蜡样杆菌、枯草杆菌。

（2）培养基：普通琼脂平板、普通肉汤培养基、半固体培养基、血琼脂平板、0.5%碳酸氢钠血清琼脂平板、含青霉素 0.05 IU～0.5 IU/ml 琼脂平板、2%福尔马林。

（3）接种环、接种针、酒精灯、恒温培养箱。

【实验方法】

用接种环将炭疽杆菌、蜡样杆菌、枯草杆菌分别接种在普通琼脂平板、普通肉汤培养基、血琼脂平板上，用接种针将炭疽杆菌、蜡样杆菌、枯草杆菌分别穿刺接种于半固体培养

基中。37 ℃恒温培养箱培养 18～24 h 后，观察结果。

【实验结果】

1．普通琼脂平板上菌落特征

炭疽杆菌：菌落扁平、粗糙、灰白色、干燥无光泽，边缘不整齐，低倍镜下可见卷发状边缘。在血琼脂平板上一般溶血或轻微溶血。

蜡样杆菌：菌落园形凸起，乳白色、边缘不整齐。各力落常沿划线蔓延扩展呈长片状，迎光观察呈白蜡状，故名。在血琼脂平板上菌落呈浅灰色，似毛玻璃状，呈草绿色溶血或完全溶血。

枯草杆菌：菌落扁平、粗糙、灰白色、边缘不整齐，呈锯凿状。在血琼脂平板上常有明显的溶血圈。

2．肉汤培养若生长情况

炭疽杆菌：液体澄清，管底有絮状沉淀，无菌膜。

蜡样杆菌：呈均匀混浊生长，表面有菌膜。

枯草杆菌；表成厚菌膜，肉汤微混浊。

3．半固体培养基内生成情况

炭疽杆菌：无动力，沿穿刺线向四周散一，如倒置杉树状。

蜡样杆菌与枯草杆菌：有动力，整个培养基呈现混浊。

三、炭疽杆菌串珠试验

【实验原理】

炭疽杆菌在含有微量浓度的青霉素液中，由于细胞通透性改变可发生形态变异，菌体呈圆球形，排列似串珠状，而其他类炭疽杆菌无此现象。

【实验材料】

（1）菌种：炭疽杆菌。

（2）培养基：普通肉汤培养基、含青霉素 0.05 IU～0.5 IU/ml 琼脂平板、2%福尔马林、青霉素（5 IU/ml）。

（3）接种环、酒精灯、恒温培养箱、CO_2培养箱、光学显微镜、载玻片、无菌平皿。

【实验方法】

1．试管法

将待检菌接种于肉汤，37 ℃培养 6 h。摇匀，取一接种环转种于 1.8 ml 肉汤内，加入青霉素（5 IU/ml）0.2 ml，使最终浓度为 0.5 IU/ml。同时接种另一管 2 ml 肉汤，不加青霉素作阴性对照。37 ℃温育 1～2 h 后取出，加 2%福尔马固定 10 min。

2．琼脂块法

（1）将含 0.05 IU～0.5 IU/ml 青霉素的肉汤琼脂 7～8 ml 倾注于无菌平皿（直径 9 cm）中，制成薄层平板。

(2) 待凝固后，用无菌小刀切成约 1 cm^2 大小的琼脂薄片，置于无菌的载玻片上。载玻片上，将玻片放在空平皿内(皿内放一湿棉球，保持一定湿度)。

(3) 取 1 接种环的待检菌 4～12 h 肉汤培养物置于琼脂薄片上。

(4) 置于 37 ℃的 5% CO 环境中培养 2～3 h 后取出，加盖玻片高倍镜下观察。

【实验结果】

(1) 试管法：用接种环取培养物少许于载玻片上，加盖玻片用高倍镜检查，见菌体膨大呈均匀圆球状，排列整齐似串珠，即为阳性。

(2) 琼脂块法：菌体形成大而均匀的园球状，成串珠状排列。炭疽杆菌串珠试验阳性。

四、重碳酸盐琼脂培养试验

【实验材料】

(1) 菌种：炭疽杆菌。

(2) 培养基：0.5%碳酸氢钠血清琼脂平板。

(3) 接种环、接种针、酒精灯、CO_2培养箱。

【实验方法】

将待检菌接种于 0.5%碳酸氢钠血清琼脂平板，置于 37 ℃的 5% CO 环境中孵育 24～48 h 后观察结果。

【实验结果】

炭疽杆菌的有毒力菌株菌落由粗糙型变为黏液型(M 型)，以接种针挑取时有黏性，能拉出丝状物，涂片染色可查见荚膜。

五、腊样杆菌食物中毒的微生物学检查法

(一) 标 本 采 集

取可疑的残余食物或收集患者粪便(腹泻型)和患者的呕吐物(呕吐型)标本进行检查。

(二) 检 查 程 序

1. 直接涂片染色镜检

将残食物用无菌生理盐水浸渍作染色镜检，蜡样杆菌为革兰阳性粗大杆菌，有芽胞，位于菌体中央或近端。

2. 活菌计数

由于蜡样杆菌广泛分布于土壤、污水、乳和乳制品中。一般食品中此菌数量不多时，

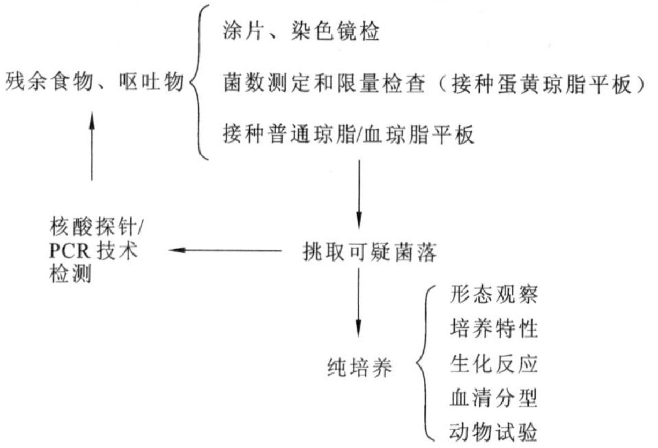

图 20-1　蜡样杆菌食物中毒的微生物学检测程序

并不发生食物中毒，只有当菌数达每克食品含菌 10^6 个以上时才致病。因此，活菌计数有重要的鉴别意义。

将残余食物用无菌生理盐水稀释成 1∶100～1∶1 000，取稀释样品种各 0.1 ml 分别接种于蛋黄琼脂平板（即在普通营养琼脂内加入 5%新鲜鸡蛋黄），以 L 形玻棒均匀涂布。置 37 ℃培养 12 h 后进行菌落计数。蜡样杆菌在蛋黄琼脂平板上生长的菌落周围产生乳白色混浊环，易于识别。

3. 分离培养

将可疑食物加适量无菌盐水研磨后，取材划线接种于普通平板和血琼脂平板。呕吐物及粪便标本可直接划线接种进行分离培养。37 ℃培养 18～24 h 后观察生长情况，如发现类似蜡样杆菌菌落时，作纯分离后进行生化反应及血清学鉴定。必要时可进行动物试验。

【思考题】

（1）如何鉴别炭疽芽孢杆菌与枯草杆菌？

（2）炭疽芽孢杆菌的标本采集及处理应注意写什么？

（孙剑刚　朱薿）

▶ 实验二十一　支原体、衣原体、立克次氏体 ◀

一、支原体的形态及菌落特征观察

【实验目的】

（1）熟悉支原体的镜下形态和染色特征。

（2）了解支原体菌落的形态特征。

【实验材料】

（1）肺炎支原体培养物。

（2）Giemsa 染液、甲醛、无菌蒸馏水、接种环、酒精灯、载玻片、光学显微镜。

【实验方法】

（1）形态染色观察：用接种环挑取肺炎支原体培养基上的培养物少许，于载玻片上进行涂片、自然干燥，并用甲醛固定 1～5 min。完成制片后加 Giemsa 染液染色 0.5～1 h，最后用蒸馏水冲洗标本至红色为止，洗干后在油镜下观察。

（2）菌落染色镜检：在低倍镜下选择 1 个菌落连同琼脂块切下，菌落面朝下置于载玻片上，将载玻片斜放入 80 ℃～85 ℃热水中，待琼脂发白脱落即取出。放入 90 ℃左右的热水缸中洗掉表面琼脂，自然干燥，经 Giemsa 染色后镜检。

【实验结果】

（1）支原体形态染色特征：可见 Giemsa 染色呈淡紫色、形态大小不一的微小球形颗粒状或短丝状体。

（2）菌落特征：低倍镜下可见菌落呈圆形，菌落中心有一个致密的中心区，呈蓝紫色，边缘整齐、色浅淡较透明，形似“油煎蛋”样。

二、溶脲脲原体脲酶试验

【实验原理】

溶脲脲原体不能分解葡萄糖和精氨酸，也无产生 ATP 的正常途径，其细胞质中含有大量脲酶，可迅速分解尿素产生 NH_3 和 CO_2，并以此提供能量。在含有尿素的培养基内，由于分解尿素产氨，致使培养基内 pH 值升高，所以含有酚红指示剂的培养基由桔黄色变为粉红色。

【实验目的】

了解溶脲脲原体的鉴别方法。

【实验材料】

溶脲脲原体纯培养物和溶脲脲原体选择鉴别培养基。

【实验方法】

将溶脲脲原体纯培养物接种于选择鉴别培养基内，如为液体培养基则接种 0.2 ml，如为平板上的菌落则接种含菌落的琼脂块。接种后应于试管内加一层无菌石蜡，于 35 ℃培养 3 d。

【实验结果】

每天观测 3 次，注意培养基颜色的变化，溶脲脲原体分解尿素产氨，酚红指示剂由桔黄色变为粉红色则为阳性。

三、溶脲脲原体的分离培养及菌落形态观察

【实验目的】

了解溶脲脲原体的培养特性及菌落特征。

【实验材料】

(1) 泌尿生殖道分泌物或尿液。

(2) Hayblick 基础培养基(固体培养基或液体培养基)、0.05%尿素、0.02%酚红、硫酸锰(II)、胺。

(3) 离心机、光学显微镜、烧瓶(250 ml)、无菌棉签、无菌瓶(50 ml)

【实验方法】

1. 标本采集

用无菌瓶收集非淋菌性尿道炎患者中段尿或用无菌棉棒采取患者泌尿生殖道分泌物，尿标本以无菌法取 10 ml，离心取沉渣。

2. 分离培养

取标本 0.1～0.2 ml 接种于液体培养基(即 Hayblick 基础培养基)，其中加入 0.05%尿素，0.02%酚红，培养于 95% N_2和 10% CO_2环境下，37 ℃培养 16～24 h 后，溶脲脲原体分解底物产碱，指示剂由桔黄色变为粉红色为溶脲脲原体生长指征，再取 0.2 ml 培养物转种于含有尿素和对胺敏感的指示剂及硫酸锰(II)的固体培养基(即 Hayblick 基础培养基)上，37 ℃培养 24～48 h 后用低倍镜观察菌落。

【实验结果】

在低倍镜下可见溶脲脲原体菌落为暗褐色，菌落较小，中心致密隆起，深入琼脂，菌落周边较窄，外周由颗粒包绕的"油煎蛋"状菌落。

四、沙眼衣原体包涵体、恙虫病立克次氏体的基本形态观察

【实验目的】

认识衣原体、立克次体的基本形态。

【实验材料】

(1) 沙眼衣原体包涵体示教片。

(2) 恙虫病立克次体形态示教片。

【实验方法】

将标本片滴加香柏油后置于光学显微镜下观察。

【实验方法】

(1) 沙眼衣原体包涵体的形态观察:显微镜下可见沙眼衣原体包涵体存在于柱状上皮细胞浆内,Giemsa 染色后呈深紫色,很致密,占据胞浆的大部分,常将胞核挤在一旁。包涵体基质内含有糖原,若以碘液染色后,可见棕褐色斑块。

(2) 恙虫病立克次氏体形态观察:Gimenez 染色呈成紫红色,呈球、杆状或短杆状。两端常浓染,多在胞浆近核处成堆排列。

五、外斐氏反应

【实验目的】

熟悉外斐氏反应的原理及应用,了解其操作过程。

【实验原理】

外斐氏反应(Weil-Felix reaction)是用变形杆菌的某些 OX 菌株抗原(OX_{19}、OX_2,OX_k)代替立克次氏体抗原,检测人或动物血清中某些立克次氏体抗体的一种交叉凝集试验,这些菌株的菌体(O)抗原与斑疹伤寒、恙虫病等立克次氏体具有共同耐热性多糖类属抗原,利用这些抗原代替立克次氏体抗原,可进行非特异性凝集反应,以检测血清中的相应抗体作斑疹伤寒、恙虫病等立克次氏体感染的辅助诊断。

【实验材料】

(1) 斑疹伤寒患者待检血清。

(2) 变形杆菌 OX_{19} 菌液。

(3) 生理盐水、小试管、1 ml 吸管、5 这升吸管、试管架等。

(4) 泌尿生殖道分泌物或尿液;Hayblick 基础培养基(固体培养基和液体培养基)、0.05%尿素、0.02%酚红、硫酸锰(II)、胺;离心机、光学显微镜、烧瓶(250 ml)、无菌棉棒、无菌瓶(50 ml)。

【实验方法与结果】

(1) 将小试管 7 支排列于试管架,并进行 1,2,…,7 编号。

(2) 自第二管起,每管加生理盐水 0.5 ml。

(3) 第一管加生理盐水 0.9 ml,然后吸 0.1 ml 血清加入第一管中,并吸吹混匀。

(4) 自第一管取 0.5 ml 至第二管,吸吹三次混匀。

(5) 自第二管取 0.5 ml 至第三管,如此稀释血清至第六管混匀,并吸出 0.5 ml 弃去。

(6) 第七管不加血清作对照。

(7) 每管各加变形杆菌 OX_{19} 菌液 0.5 ml,自对照管加起,加完后充分摇匀。

(8) 置 37 ℃温箱中,过夜或置 40 ℃~50 ℃水箱中,2 h 后观察结果,并做好记录。

(9) 观察结果。待检血清具备下列条件者为阳性:

· 血清中不含有普通变形杆菌抗体;

· 凝集效价>1∶160(OX_k)或 1∶80(OX_{19} 或 OX_2);

· 抗体效价随病程逐步升高,一般恢复期血清效价应比急性期增高 4 倍以上。

观察结果。

表 21-1 外斐氏反应操作程序

管 号	1	2	3	4	5	6	7(对照)
生理盐水(ml)	0.9	0.5	0.5	0.5	0.5	0.5	0.5
血清(ml)	0.1 ↘	0.5 ↘	0.5 ↘	0.5 ↘	0.5 ↘	0.5 ↘	弃去 0.5 不用
O_{19} 菌液(ml)	0.5	0.5	0.5	0.5	0.5	0.5	0.5
血清稀释度	1∶20	1∶40	1∶80	1∶160	1∶320	1∶640	对照
摇匀,置 37 ℃温箱过夜							
结 果							

【注意事项】

外斐氏反应抗原 OX_{19} 可用 OX_2 或 OX_k 替代。

【思考题】

(1) 立克次氏体的形态有何特点?

(2) 试述外斐氏反应的原理和用途。

(3) 溶脲脲原体可引起哪些危害?

(孙剑刚 朱蕤)

▶ 实验二十二　病原性螺旋体 ◀

一、病原性螺旋体形态、染色性观察

【实验目的】

认识3种病原性螺旋体的形态、染色特征。

【实验材料】

回归热螺旋体Giemsa染色标本片；钩端螺旋体及梅毒螺旋体Fontana镀银染色标本片。

【实验方法】

将标本片滴加香柏油后置于光学显微镜下观察。

【实验结果】

(1) 回归热螺旋体：螺旋体呈紫红色，体形柔软，其长度可超过红细胞之直径2～3倍或更多，注意观察其螺旋的疏密和是否规整以及末端形状等。

(2) 梅毒螺旋体：油镜下的视野背景为淡黄棕色，螺旋体呈棕黑色，螺旋为紧密规整，约8～14个。

(3) 钩端螺旋体：油镜下的视野背景为淡黄棕色，螺旋体呈棕褐色至棕黑色。菌体纤细，螺旋致密而规则，经镀银染色后银盐沉淀其上，使螺旋模糊，不易分清，螺旋体两端或一端弯曲成钩状、问号状或成C、S字形。

二、钩端螺旋体暗视野显微镜检查

【实验目的】

(1) 了解暗视野显微镜的结构和原理。

(2) 初步掌握钩端螺旋体在暗视野下的运动特点。

【实验原理】

暗视野显微镜是在普通显微镜上，安装一个特制的集光器——暗视野集光器。其中央为不透光的一黑色遮光板，因此光线不能直接通向镜筒，仅可以从其四周边缘斜射到载玻片标本上，因为光线不能直接上升，所以从接目镜往向下看时，视野背景是黑色的。从集光器斜射到细菌等微粒上的光线，由于散射作用而发出亮光，反射到物镜内。故在强光照射下，可以在黑暗的视野中，看到光亮的菌体。

【实验材料】

钩端螺旋体液体培养物、暗视野显微镜、载玻片(厚度1.2 mm以下)、盖玻片、强光灯等。

【实验方法】

(1) 取钩端螺旋体培养物 1～2 滴,放于载玻片中央,然后加上盖玻片。

(2) 在暗视野集光器中央加一滴香柏油,打开光源,并下降集光器。

(3) 将标本置于载物台上,再将暗视集光器徐徐提上,使香柏油(或水滴)与标本片之底面接触为止。

(4) 先用低倍镜调节光源和焦点,再换用高倍镜检查。必要时亦可有油镜观察,但应于盖玻片上再滴加香柏油。

【实验结果】

在黑暗的背景上,可见螺旋体闪烁发亮,一端或二端弯曲成钩状,有时亦屈曲呈 C、S 字形,以长轴为中心,作回旋运动,或以波浪式依直端方向前进。

三、钩端螺旋体的显微镜凝集试验

【实验目的】

掌握钩端螺旋体凝集-溶解试验原理及应用,熟悉其操作过程。

【实验原理】

钩端螺旋体凝集-溶解试验(简称凝溶试验)是一种用活的钩体作抗原在暗视野下观察结果的特异性血清反应,常用于测定病人血清中的抗体或用已知抗血清鉴定新分离钩端螺旋体的型别。在暗视野显微镜下,可以见到钩端螺旋体运动极为活泼,但遇到相应抗体时可发生凝集,抗体浓度大时,可使其溶解,故称凝集一溶解反应,此反应具有型的特异性。

【实验材料】

(1) 钩端螺旋体幼龄培养物(每视野含 50～60 条螺旋体,运动活泼)、钩端螺旋体抗血清(或病人血清)、暗视野显微镜、恒温培养箱、无菌小试管、吸管、生理盐水、洁净载玻片、盖玻片等。

(2) 病人待检材料

· 血液:病人血液宜在发病早期(未用药治疗前)从静脉抽血,不换针头,无菌操作立即接种于柯索夫培养基中,一般每管加 4 滴血为优。

· 尿液:于发病 2 周后用无菌术导尿或取中段尿,立即取 0.3～0.5 ml 接种培养基中,尿经离心集菌取沉渣接种可提高阳性率。

· 脑脊液:按 1∶10 量接种。

· 病理组织:取新鲜组织块,以无菌操作制成匀浆质后每 5 ml 培养基接种 0.5 ml,或以无菌术直接取深部组织一小块接种。柯索夫培养基、5-氟尿嘧啶、暗视野显微镜。

【实验方法】

(1) 按表 22-1 所示稀释血清。

(2) 每管各加钩端螺旋体培养物 0.1 ml,混匀后置 28 ℃温箱 2 h(夏季放室温即可)。

表 22-1　钩端螺旋体凝集-溶解试验(单位 ml)

试管号	1	2	3	4	5	6	7(对照)
抗血清	1∶50	1∶100	1∶200	1∶400	1∶800	1∶1 600	生理盐水
	0.1	0.1	0.1	0.1	0.1	0.1	0.1
螺旋体培养物	0.1	0.1	0.1	0.1	0.1	0.1	0.1
	摇匀,置 28 ℃温箱孵育 2 h						
结　果							

(3) 用接种环或毛细吸管分别自各管取一滴材料置于载玻片的不同部位,覆以盖玻片(如用低倍镜观察可不加盖玻片),在暗视野显微镜下观察结果。

【实验结果】

在暗视野中观察,可以见到对照管螺旋体仍呈分散状,运动活泼。其他含有抗血清的试管中可见到此螺旋体已凝集成堆,或网状交织呈蜘蛛网状凝集。在抗血清滴度较高时(即开始的几个稀释度),可见到螺旋体发生溶解现象,主要根据视野中螺旋体数量显著减少来判定其溶解与否。通常情况下血清的凝集效价高于溶解效价,如果螺旋体培养物先经过福尔马林灭活后,则只有凝集而无溶解现象。

钩端螺旋体凝集—溶解试验结果鉴定标准如下:

"—"螺旋体完全不凝集,运动活泼,与对照管相同;

"±"标本中见有疏松的小凝块,散在的螺旋体数在 95%以上;

"+"偶见凝集出现,视野内散在的螺旋体数在 75%以上;

"++"有典型的凝集块出现,视野内散在的螺旋体数在 50%或以上;

"+++"有较多的凝集块出现,视野内残存的螺旋体数在 25%或以上;

"++++"视野内无正常螺旋体或残存数在 25%以上;

凝集效价终点判断以"++"为准。

一般病人血清凝集效价在 1∶400 以上有诊断意义。

四、梅毒螺旋体血清学反应
——不加热血清反应素试验(USR 试验)

【实验目的】

了解梅毒血清学反应——不加热血清反应素试验(USR 试验)。

【实验原理】

不加热血清反应素试验即 USR 试验(unheated serum regain test)为检验梅毒的血清学试验,用于测定血清中的反应素,以助诊断和观察疗效。本试验所用的 USR 抗原为牛心中提取的心拟脂加卵磷脂和胆固醇,三者均为醇溶性脂类,溶于无水酒精中;遇水形成胶体微粒,此微粒与血清反应素结合,通过振摇,颗粒互相粘附而出现凝集沉淀,呈块状物,USR 抗原中加有氯化胆碱起化学"灭活"作用,因此血清可不加热灭活。

【实验材料】

(1) USR 抗原。

(2) 玻片;划有直径为 14 mm 的圆圈。

(3) 微量震荡器(180 r/min)。

(4) 滴液管、显微镜等。

(5) 待检血清(不需加热灭活)及梅毒阳性对照血清。

【实验方法与结果】

1. 玻片定性试验

(1) 取待检血清(不需加热灭活)0.05 ml,加在玻片圆圈中并使之扩散。

(2) 用滴液管加 1 滴(约 25 μl)USR 试剂于血清中。

(3) 用手摇或振荡器摇动玻片 4 min。

(4) 摇完后 3 min 内用油镜观察结果。阳性反应:液体澄清,出现细小至粗大颗粒聚集物或凝块;阴性反应:液体呈轻度均匀混浊无块状物。每次试验须同时作梅毒阳性血清对照。

2. 玻片定量试验

将定性阳性血清作倍比稀释,再按定性试验方法进行测定,方法如下:

(1) 将待检血清用生理盐水稀释为 1∶2,1∶4,1∶8,1∶16,1∶32。

(2) 取待检血清及以上各种稀释度的血清各 0.05 ml(由稀至浓)依次加入玻片圆圈中。

(3) 按定性试验的方法进行测定和判断结果。

【注意事项】

(1) USR 试验最好在 23 ℃～29 ℃室温进行,因气温高低可影响反应的强弱。

(2) USR 可出现生物学假阳性,故应结合临床综合判断,必要时用特异性梅毒螺旋体血清学试验证实。

五、齿垢涂片法检查口腔奋森螺旋体

【实验目的】

通过齿垢涂片法证明普通人群口腔中存在螺旋体。

【实验原理】

正常人群口腔中可存在少量奋森螺旋体,通常与共生菌革兰阴性梭形杆菌共同寄居于齿龈部。这两种微生物通常在机体免疫力低下时可乘机大量繁殖,引起口腔感染性疾病—奋森咽峡炎发生。因其革兰染色效果不佳,常采用镀银染色。

【实验材料】

(1) 无菌牙签、载玻片、酒精灯、木夹。

(2) 无菌生理盐水、固定液、媒染剂、硝酸银氨溶液。

【实验方法】

(1) 在洁净载玻片中央滴一滴无菌生理盐水,用牙签取牙垢少许与盐水充分混合,涂成一薄而均匀直径 1 cm 的菌膜。

(2) 自然干燥后滴加固定液作用 1～2 min,使其固定,干燥后水洗。

(3) 滴加媒染液,酒精灯火焰上方加热使其产生热蒸汽,维持 30 s 后移开火焰、水洗。

(4) 将硝酸银氨溶液滴于涂膜上染 30 s,微加温,水洗印干。

(5) 油镜观察。

【实验结果】

镜下牙垢中螺旋体呈棕褐色或黑褐色,有 3～10 个稀疏不规则的螺旋,呈波状,背景为淡黄色,同时还可见梭形杆菌。

【思考题】

(1) 简述回归热螺旋体;钩端螺旋体及梅毒螺旋体的形态学鉴别要点。

(2) 为什么螺旋体常用暗视野的方法来检查?

(3) 钩端螺旋体的凝集—溶解现象与一般细菌发生凝集以后的溶解现象有何不同?

(孙剑刚　朱巍)

▶ 实验二十三　放　线　菌 ◀

【实验目的】

了解放线菌的形态特点及检查方法。

【实验材料】

放线菌感染患者病灶组织脓样物质。

【实验方法】

1. “硫磺样颗粒”观察

将患者病灶组织和瘘管流出的脓样物质置于培养皿内寻找，可找到肉眼可见的黄色硫磺状小颗粒，“硫磺样颗粒”即为放线菌在组织中形成的肉眼可见菌落，“硫磺样颗粒”直径为 1～2 mm，可呈黄色、白色、红色或黑色等不同颜色。

2. 压片检查

将上述“硫磺样颗粒”置玻片上，加 5%～10%碳酸氢钠，加盖片轻轻压平，在高倍镜下可见中心向四周散出放射状体，形如“菊花”，核心部分由分枝的菌丝交织组成，周围部分长丝排列成放线状，伊氏放线菌末端膨大，星形放线菌末端不膨大。

【思考题】

放线菌的“硫磺样颗粒”检查有何意义？

（孙剑刚　朱薿）

第四篇

真菌学实验

▶ 实验二十四　常见病原性真菌的形态特征观察 ◀

不同真菌，其形态特征不同，因此利用显微镜观察其形态特征可对真菌进行鉴定。

【实验目的】

掌握常见病原性真菌的形态学特征。

【实验原理】

真菌的基本形态有单细胞及多细胞两种。单细胞真菌的结构较为简单，大多为圆形或卵圆形，以出芽的方式进行繁殖，故在某些标本中可观察到芽生孢子。大多数真菌为多细胞，基本构造分为菌丝和孢子两部分，菌种不同，其菌丝和孢子的形态特征不同，这是鉴别真菌的重要标志。

【实验材料】

(1) 白色念珠菌革蓝染色标本片及玉米培养基(小培养)示教片。

(2) 新生隐球菌墨汁负染标本片。

(3) 许兰毛癣菌、毛癣菌及絮状表皮癣菌乳酸酚棉蓝染色标本片。

【实验方法】

新生隐球菌墨汁负染标本片在40倍高倍镜下直接观察外，其余均可滴加香柏油在油镜下观察。

【实验结果】

(1) 白色念珠菌革蓝染色标本片的观察：可见圆形或椭圆形大小不一的革兰阳性着色的菌体细胞，有些真菌细胞可产生芽生孢子和假菌丝，出芽细胞呈卵圆形，比葡萄球菌大2～5倍。

(2) 白色念珠菌小培养示教片的观察：可见分枝的菌丝及胞壁增厚的厚膜孢子。

(3) 新生隐球菌墨汁负染标本片观察：可见背景为黑色的小碳质颗粒，菌体为圆形，菌体外包绕有一透明发亮的肥厚的荚膜，有时可见芽生孢子。

(4) 许兰毛癣菌标本片观察：可见粗而短的菌丝体，末端膨大，分叉似鹿角状，菌丝粗细不一，陈旧培养可见大量厚膜孢子，但无大分生孢子与小分生孢子。

(5) 毛癣菌棉蓝染色标本片的观察：可见无隔菌丝，菌丝中无横隔将其分段。

(6) 絮状表皮癣菌棉蓝染色标本片观察：可见菌体体积较大，由多个细胞组成的梭形或梨形的大分生孢子，2～4个分隔，壁薄而光滑，不产生小分生孢子。培养时间久的培养物可见厚膜孢子。

【思考题】

(1) 真菌的形态学检查是否能完全鉴定所有真菌？为什么？

（邓毛子）

▶ 实验二十五　真菌的培养方法及其菌落特征观察 ◀

真菌的直接镜检,除少数真菌外,多数不能确定真菌的种类。当真菌的直接镜检不能确定真菌感染时,或需要确定感染真菌种类时,可进行真菌的培养。真菌的培养方法很多,如试管法、大培养法、小培养法等。为观察真菌的结构及其生长发育,常采用小培养法。用于真菌培养的培养基很多,临床上常选用含抗生素的沙保弱培养基(Sabouraud medium)培养。

【实验目的】

(1) 了解真菌的培养法。

(2) 熟悉常见病原性真菌的菌落特征。

【实验原理】

不同真菌在培养基上的生长特点不同,可用于真菌的鉴定。

【实验材料】

(1) 沙保弱斜面培养基、酵母菌及新生隐球菌、白色念珠菌。

(2) 沙保弱培养基、丝状菌沙氏斜面培养物、灭菌空平皿、接种钩、酒精灯、小刀、灭菌载玻片、盖玻片、霉菌培养箱。

(3) 新生隐球菌、白色念珠菌、絮状表皮癣菌在沙氏琼脂斜面上的培养物。

【实验方法与结果】

1. 真菌的大培养法

用于观察真菌菌落形态及色素的产生。酵母菌及类酵母菌的接种方法与细菌的接种方法一样,但对丝状真菌的接种应采用接种钩取材料。点种在培养基上即可。接种完毕后,用棉塞塞住管口,置 25～28 ℃培养,一周后观察其生长情况。

2. 真菌小培养法

用于观察真菌(丝状菌)不同发育阶段及完整的基本结构。

(1) 用灭菌小刀取大约 5 mm^2 的琼脂块置于灭菌载玻片上。

(2) 将真菌培养物取少许接种于琼脂块的周缘。

(3) 将灭菌盖玻片覆盖于已接种真菌的琼脂块上。

(4) 将载玻片置于灭菌空平皿中,并在此平皿中放置一浸有大量无菌水的棉球,使平皿内的空气保持充分的湿度。

(5) 将此平皿置于温箱 25 ℃培养,待真菌生长后,即可将小培养自平皿中取出置显微镜下直接观察,观察后仍可放回平皿内继续培养,以便观察其生长的全过程。

3. 真菌菌落的观察

(1) 酵母型菌落:新生隐球菌菌落属于此类型,菌落圆形,表面光滑、湿润,乳白色或奶油色,有时呈粘液状菌落。

(2) 类酵母型菌落：以白色念珠菌为代表，菌落表面光滑、湿润，乳白色，但有营养菌丝伸入培养基中，对光观察可见菌落周围呈羽毛状。

(3) 丝状菌落：絮状表皮癣菌属于此种类型，菌落表面呈绒毛状、棉絮状或粉末状，中央有皱褶，外周有放射状沟，培养基常裂开，菌落正面和背面可显示不同颜色，并且其颜色在不同的培养时间段也不同。

(邓毛子)

▶ 实验二十六　临床标本中常见真菌的检查 ◀

临床标本中常见真菌的微生物学检查，重点放在真菌的分离培养和形态学检查上。血清学检查目前主要应用于部分深部感染真菌，如烟曲霉抗原及抗体的临床检查等。

【实验目的】

了解临床标本中常见真菌的检查方法。

【实验原理】

依据真菌的形态学特征及其致病性的不同来辅助诊断真菌感染性疾病。

【实验材料】

(1) 患者皮屑、毛发或甲屑、10%～20% KOH(NaOH)溶液、载玻片、盖玻片、眼科镊、小剪等。

(2) 红色毛癣菌、石膏样毛癣菌沙保弱培养基培养物、10%酵母浸膏水溶液、乳酸酚棉兰染液、高压灭菌的数根正常毛发、盖玻片；载玻片、无菌镊子等。

(3) 病人脑脊液、墨汁、接种还、盖玻片、载玻片、离心机、霉菌培养箱等。

【实验方法】

1. 浅部真菌病的临床标本检查

(1) 用眼科镊镊取一小块临床病变标本(患者皮屑、甲屑或病发)置于载玻片上。

(2) 滴 10%～20% KOH(NaOH)溶液 1～2 滴，并盖上盖玻片，在酒精灯火焰上微微加热，使角质消融软化，病发或病变组织呈透明状而有利于观察。

(3) 先用低倍镜进行筛选观察，看是否有真菌菌丝或孢子存在，然后换用高倍镜，观察菌丝是否有分隔、分枝及孢子的形态特征等，此时可初步诊断是否有真菌感染，但不能确定由何种真菌感染，须进行培养观察之后才能确诊。

2. 毛发穿孔试验

(1) 将灭菌毛发置于 2 支含有 10%酵母浸膏水溶液的试管内，每管 4 根以上。分别接种红色毛癣菌、石膏样毛癣菌沙保弱培养基培养物，置于 27 ℃培养箱内培养。

(2) 接种后每周经乳酸酚棉兰染液染色观察 1 次，于高倍镜或油镜下观察菌丝和分生孢子的形态及毛发破损现象。连续观察 4 周。

3. 新生隐球菌墨汁负染色检查

取优质墨汁 1 小滴置于洁净载玻片上，加入 1 滴经离心沉淀后的病人脑脊液沉淀物，用灭菌接种环混合均匀后，盖上盖玻片，置高倍镜下观察。

【实验结果】

(1) 浅部真菌病的临床标本检查：以镜检观察到菌丝或孢子为阳性，常可作出癣病的诊断，若需进一步确证由何种真菌引起，则需进一步培养鉴定。

(2) 毛发穿孔试验：石膏样毛癣菌培养管中可见毛发中穿有蓝色菌丝，某些菌丝长有蓝色孢子。红色毛癣菌培养管中毛发未见破损，毛发表面可附有蓝色菌丝和孢子。

（3）新生隐球菌墨汁负染色检查：镜下可见背景为黑色的小碳质颗粒，菌体为圆形，菌体外包绕有一透明发亮的肥厚的荚膜，有时可见芽生孢子。

【注意事项】

（1）采集浅部真菌病的临床标本应根据不同的真菌感染而采取不同标本，以提高待检标本的检出率。

（2）采集过临床标本的实验器械应立即用火焰烧灼灭菌。

【思考题】

（1）怎样进行浅部真菌的临床标本检查？

（2）真菌的菌落有哪几种类型？各有何特点？

（3）对于一些深部真菌感染性疾病，微生物学检查为阳性，是否说明机体的疾病一定是此种真菌感染所致？为什么？

（邓毛子）

第五篇

病毒学实验

▶ 实验二十七　病毒的形态学检查 ◀

【实验目的】

（1）了解病毒在电镜下的形态特点。

（2）认识某些病毒感染时在组织细胞内所形成的包涵体的特征。

【实验原理】

电子显微镜是利用了波长比可见光短得多的电子束作为光源，使其能达到的分辨率较光学显微镜要高得多。当电子枪发出的电子束照射到样品时，有部分电子与样品原子核发生碰撞成为散射电子，部分电子穿透样品成为透射电子，这部分电子穿过物镜光栏，经物镜中间镜和投影镜放大后成像在荧光屏上或用感光胶片记录。现代电子显微镜已发展形成了许多类型，目前最常用的是透射电子显微镜和扫描电子显微镜。

大多数病毒颗粒很小，不能在光学显微镜下直接观察，但某些病毒感染宿主后，在宿主细胞内可形成在光学显微镜下可见的嗜酸性或嗜碱性包涵体。包涵体可能是病毒颗粒的聚集体，可能是病毒增殖的场所，也可能是宿主细胞对病毒作用的反应产物。一种病毒所产生的包涵体的形态和部位是一定的，因此包涵体的检查对于某些病毒感染性疾病具有一定的诊断价值。

【实验材料】

标本片：流行性感冒病毒、脊髓灰质炎病毒、乙型肝炎病毒电镜下照片；狂犬病毒包涵体、麻疹病毒包涵体、巨细胞病毒包涵体以及腺病毒包涵体病理组织切片。

【实验方法】

（1）观察各种病毒的电镜下形态照片。

（2）在光学显微镜下观察不同病毒包涵体组织学切片。

【实验结果】

1．不同病毒形态电镜照片观察

（1）流感病毒：甲、乙、丙三型流行性感冒病毒的形态结构相似，呈球形或丝状，球形直径为 80～120 nm，丝状在新分离株中多见，其长度不一，有时可达 4 000 nm 左右。

（2）脊髓灰质炎病毒：呈球形，直径 27～30 nm。

（3）乙型病毒：Dane 颗粒，直径 42 nm，具有双衣壳，其衣壳厚 7 nm，内核直径 28 nm。小球形颗粒，呈球形，直径 20 nm。管形颗粒，呈长管状，直径 20 nm，但长度不一（20～1 000 nm）

2．不同病毒包涵体组织学切片观察

（1）狂犬病毒包涵体：神经核为蓝色，胞浆为淡红色，包涵体位于细胞质内，束形或椎束形，颜色鲜红。

（2）麻疹病毒包涵体：病毒感染细胞融合为多核巨细胞，包涵体存在于细胞质和细胞核内，颜色为红色。

（3）巨细胞病毒：在受染的巨细胞核内有一周围绕有晕轮并与核膜分离的大型嗜酸性包涵体，细胞质中也可见到包涵体。

（4）腺病毒包涵体：可见存在于受染细胞核内的圆形嗜碱性包涵体。

【思考题】

组织或细胞内发现包涵体，是否说明机体一定感染了病毒？为什么？

（邓毛子）

▶ 实验二十八　病毒的分离培养技术 ◀

病毒缺乏代谢所需的一些酶类及能源物质，因此要进行病毒的培养，必须提供活的机体、组织或细胞。常用的培养方法有动物接种、鸡胚培养及细胞培养等。

一、病毒的动物接种

【实验目的】

了解病毒的动物接种技术。

【实验原理】

不同病毒其易感宿主不同，进行动物接种时，选用的动物不同，且接种途径也不同。接种后根据实验动物的症状、器官病理改变及感染器官组织悬液能在同种动物连续传代，并排除其他微生物污染的可能性，即可证明有相应病毒增殖。

以乙型脑炎病毒颅内接种为例叙述。

【实验材料】

(1) 乙脑病毒悬液。

(2) 3 d 龄小白鼠。

(3) 无菌 0.25 ml 注射器及四号针、碘酒及酒精棉球。

【实验方法】

(1) 用注射器抽取乙脑病毒悬液 0.1 ml，除去注射器内气泡，插在无菌小试管内备用。

(2) 左手拇指及食指夹住小白鼠颈部皮肤，用碘酒消毒小白鼠眼耳之间的皮肤后，用70%酒精脱碘。

(3) 右手持注射器在消毒部位刺入(深 2～3 mm)，注入 0.02 ml 乙脑病毒悬液。

(4) 接种后每天观察数次，注意实验动物的症状。实验动物通常在感染后 3～4 d 开始发病，表现为食欲减退，活动迟缓，毛发耸起，震颤，慢慢发展为麻痹、瘫痪，最后死亡。

(5) 感染动物尸体剖检，在发病极期或死亡后进行。将小白鼠头部以下躯体浸入 3%来苏浸泡 5 min，纱布拭干，火焰烧去小白鼠须毛。背朝上，固定头尾，以碘酒及酒精消毒头部，剪开头皮，露出头骨，消毒后，用无菌剪子沿头部边缘剪开头骨，取脑组织，制备匀浆。做病毒学检查和病理学检查。

二、病毒的鸡胚接种

【实验目的】

初步掌握病毒的鸡胚接种方法。

【实验原理】

鸡胚对粘病毒、痘病毒、疱疹病毒及脑炎病毒等都很敏感。病毒可接种至鸡胚尿囊腔、绒毛膜尿囊腔、卵黄囊及其羊膜腔中，病毒在其内增殖后，可获得大量病毒进行鉴定。

【实验材料】

(1) 流感病毒悬液。

(2) 10～12 d 龄鸡胚。

(3) 无菌器材：1 ml 注射器及 6 号针头、眼科镊子及剪刀、固体石蜡、毛细滴管。

(4) 砂轮、卵架、检卵灯、恒温培养箱、冰箱。

【实验方法】

(1) 鸡胚准备：孵育前先用清水洗净鸡卵，用干布擦干后放入孵箱内孵育(37 ℃，相对湿度 45%～60%)，鸡卵每日翻动 1～2 次，孵育 3 d。第四日，用检卵灯观察鸡胚发育情况。未受精卵，不见鸡胚形迹，只见模糊的卵黄黑影，这种鸡卵剔出不用。活胚可看到清晰的血管与鸡胚阴影，较大的一些可以看见胚动，随后每日观察 1 次，将胚动呆滞或没有运动的，即可能是已死或将死的鸡胚，随时加以淘汰。

(2) 选取孵育 10～12 d 龄的活鸡胚，用铅笔标记出气室、胚胎及大血管位置。然后将鸡胚直立于卵架上。

(3) 用碘酒及酒精棉球消毒气室部蛋壳，用砂轮在胚胎位置的尿囊腔与气室交界处磨一小口，定为注射入口，切勿损伤蛋膜。

(4) 吸取流感病毒悬液，在注射口使针头与卵壳成 30°角插入 0.5 cm 深度，注入 0.2 ml 病毒悬液。接种后石蜡封口，置 35～37 ℃培养。

(5) 逐日观察鸡胚生活情况，3～4 d 后，移至 4 ℃冰箱过夜，鸡胚直立，气室朝上。

(6) 收获尿囊液。取出鸡胚，用碘酒及酒精棉球消毒鸡胚气室端后，用无菌镊子除去气室蛋壳，然后轻轻撕去卵膜，用毛细吸管吸取尿囊液，放入小瓶或试管内冰冻保存，并作无菌试验。

三、病毒的组织培养

【实验目的】

了解原代及传代细胞培养法。

【实验原理】

组织培养法是目前培养病毒最常用的一种方法。多用于病毒的分离培养，进行血清学实验及制造疫苗与抗原等。它是指从体内取出组织，模拟体内生理环境，使其能在体外生存及生长，并维持其结构和功能。组织培养包括器官培养、组织块培养和细胞培养。目前主要应用的是后两种。组织块经长期培养后其结构与功能难以很好维持，故目前应用较少。细胞培养是利用分散的活细胞进行体外培养。常用的细胞有原代培养细胞、二倍体细胞及传代细胞。病毒感染细胞后，大多数能引起细胞病变，可直接在普通光学显微镜下观察。有的细胞不产生病变，但能改变培养液的 pH 值，或出现血凝现象，有时还可用免疫荧光技术检查细胞中病毒及细胞表面抗原性的改变等。

【实验材料】

(1) 原代细胞培养材料：9～11 d 龄鸡胚及卵架；细胞生长液(10%小牛血清，0.5%水解乳蛋白培养液)；细胞维持液(2%小牛血清，0.5%水解乳蛋白培养液)；Hanks'液；0.125%胰酶溶液；无菌小刀、镊子、培养皿、吸管、毛细吸管、三角烧瓶、培养瓶、水浴箱、四层纱布、漏斗及碘酒、酒精棉球等。

(2) 传代细胞培养材料：待传代细胞(本实验用单层 HeLa 细胞)；细胞生长液(10%小牛血清 RPMI1640 培养液)；0.02%乙二胺四乙酸二钠(EDTA)溶液；无菌细胞培养瓶、吸管等。

【实验方法】

1. 原代细胞培养(鸡成纤维细胞)

(1) 用碘酒及酒精棉球消毒鸡胚气室端卵壳后，将鸡胚气室端朝上直立于卵架上。打开并除去气室端卵壳及卵膜，取出鸡胚置于无菌平皿内，剪去头、爪及内脏。

(2) 用 Hanks'液冲洗 3 次，除去血液。

(3) 将组织剪成小块如匀浆。

(4) 再用 Hanks'液冲洗 3 次，直至上清清澈为止。

(5) 用吸管将组织块吸入含 10 ml 0.125%胰酶溶液的三角烧瓶中，扎紧瓶口，置 37 ℃水浴消化 10～15 min，其间可摇动 1～2 次，促进消化。如用冷消化，需置 4 ℃过夜处理。

(6) 当组织块周边出现微绒毛状，且稍微摇动后即有大量细胞游离。取出三角烧瓶，用吸管吹打数次，使细胞分散。悬液经四层纱布过滤后，滤液经 500～1 000 r/min 离心 5 min，吸取上清，沉淀物加入细胞生长液吹打分散处理，制成均匀悬液。

(7) 用细胞生长液将细胞稀释成 5×10^5 个/ml～8×10^5 个/ml，分装培养瓶，37 ℃培养 1～2 d 长成单层细胞后，用吸管弃去细胞生长液，接种病毒，加入细胞维持液。

2. 传代细胞培养(HeLa 细胞)

(1) 取出已生长成单层的 HeLa 细胞培养瓶，倾去瓶内原有培养液。

(2) 加入已经 37 ℃预温的 0.02%乙二胺四乙酸二钠(EDTA)溶液，平放于 37 ℃温箱消化 10～20 min，其间应不时置显微镜下观察细胞状态，当细胞趋于变圆，细胞间隙变大时，立即终止消化。

(3) 吸出消化液，加入适量细胞生长液，用吸管反复轻轻吹打，使细胞完全从瓶壁脱落，制成细胞悬液。

(4) 细胞计数：用细胞生长液调整细胞浓度，一般将细胞数调整至 1×10^5 个/ml～10×10^5 个/ml。将细胞悬液等量分装，置 37 ℃下培养，至形成单层细胞后备用。

【思考题】

(1) 接种病毒后的鸡胚常出现非特异性的意外死亡和病毒感染引起的特异性死亡，如何判定其死亡原因？

(2) 病毒接种后为何要做适当稀释？不稀释会出现什么结果？

(邓毛子)

▶ 实验二十九　病毒的血清学实验 ◀

机体受病毒感染后，病毒抗原可激活机体免疫系统发生特异性免疫应答而产生特异性抗体等。因此，用已知病毒或其特异性抗原检测患者体液中有无相应抗体及其效价的变化，可作为某些病毒感染性疾病的辅助诊断手段。一般采取患者血清进行实验，故称为血清学实验。

血清学实验很多，最常用的有中和试验、补体结合试验、凝胶免疫电泳、血凝抑制试验等。同时，一些现代免疫技术也已被应用于病毒感染的早期诊断，如免疫荧光技术、ELISA 及蛋白印迹等。

一、病毒血凝试验、病毒血凝抑制试验

【实验目的】

掌握病毒血凝试验、病毒血凝抑制试验基本原理，并了解其实验方法。

【实验原理】

某些病毒（如流感病毒、麻疹病毒等），其表面有糖蛋白血凝素（HA），HA 能与人和某些动物红细胞表面受体结合，从而使红细胞发生凝集，这称为血凝现象。而此作用可被特异性血凝素抗体所抑制，借此可用已知抗体鉴定未知病毒，或用已知病毒抗原来测定相应抗体。

【实验材料】

（1）病毒血凝试验实验材料：待检标本（新收获的流感病毒鸡胚尿囊毒液）、0.5%鸡红细胞（RBC）悬液、生理盐水、小试管、1 ml 吸管、试管架等。

（2）病毒血凝抑制试验实验材料：待检血清（患者早期、恢复期双份血清）、病毒悬液（含 1 个实用单位）、0.5%鸡红细胞（RBC）悬液、生理盐水、小试管、1 ml 吸管、试管架等。

【实验方法】

1. 血凝试验

（1）取洁净试管 7 支，做好标记，置于试管架上。

（2）由第 1 管至第 7 管，每管各加入 0.25 ml 生理盐水。

（3）于第 1 管中加入稀释度 1∶4的病毒液 0.25 ml，换一支吸管，反复吹吸混匀后吸取 0.25 ml 至第 2 管，再换一支吸管，反复吹吸混匀后，吸取 0.25 ml 至第 3 管，依此类推，直至第 6 管，混匀后自第 6 管吸取 0.25 ml 弃至消毒缸内。第 7 管不加病毒液作为红细胞对照。

（4）自第 1～7 管，从后至前每管各加入 0.25 ml 0.5%鸡红细胞（RBC）悬液，摇匀后置室温下，1 h 后观察结果。见图 29-1。

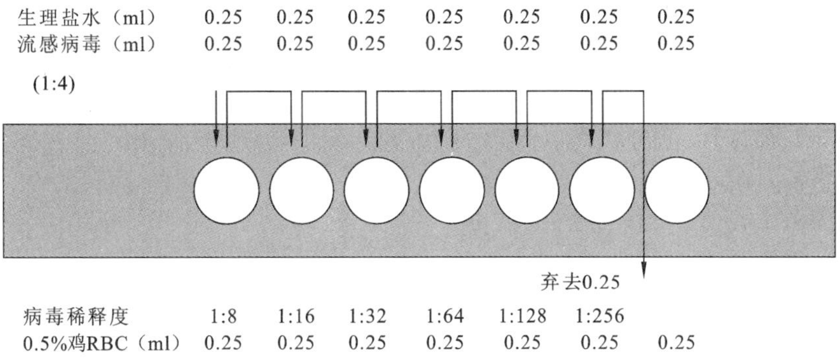

图 29-1 血凝试验实验流程

2. 血凝抑制试验

(1) 取小试管 18 支，排成 2 排，每排 9 支，做好标记。每排的第 2～6 管、第 8 管每管各加 0.25 ml 生理盐水，第 1 管、第 7 管各加 0.45 ml 生理盐水，第 9 管加 0.5 ml 生理盐水。第 1～6 管为试验管，第 7 管为血清对照管，第 8 管为病毒对照管，第 9 管为红细胞对照管。

(2) 在第 1 排的第 1 管和第 7 管各加入 0.05 ml 早期血清，第 1 管混匀后吸取 0.25 ml 加至第 2 管，混匀后再从地 2 管吸取 0.25 ml 加至的 3 管，依此类推至第 6 管，最后自第 6 管取 0.25 ml 弃去。

(3) 取含 1 个实用单位(1∶16)的病毒悬液 0.25 ml 加入第 8 管，然后自第 6 管至第 1 管每管各加入 0.25 ml 含 1 个实用单位(1∶16)的病毒悬液。

(4) 稍加震摇后，自第 9 管至第 1 管，每管各加入 0.5 ml 鸡红细胞(RBC)，置于室温下，1 h 后观察结果。

(5) 第 2 排同法同步完成恢复期血清的操作过程。试验全过程如图 29-2 所示。

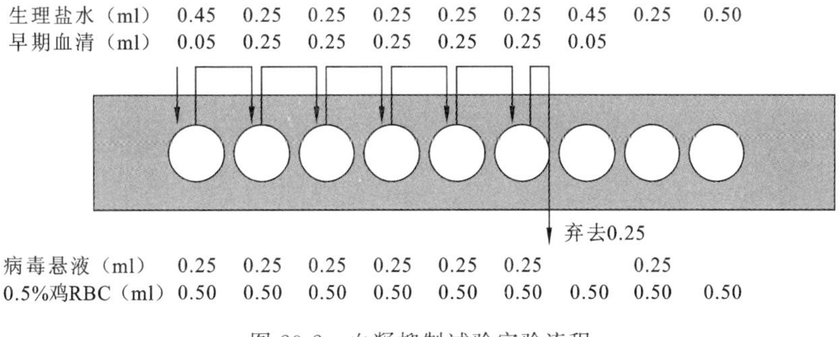

图 29-2 血凝抑制试验实验流程

【实验结果】

1. 血凝试验

(1) 结果观察：各管出现红细胞凝程度以＋＋＋＋、＋＋＋、＋＋、＋、—表示。

＋＋＋＋：全部红细胞凝集，呈颗粒状，均匀铺于管底。

＋＋＋：大约 75％红细胞凝集。

＋＋：大约 50％红细胞凝集。

＋:红细胞沉于管底形成小团,边缘不光滑,四周有红细胞小凝块。

－:红细胞沉于形成小团,边缘光滑圆润。

(2) 结果判断:能使红细胞呈＋＋凝集的病毒最高稀释度为其凝集效价,即 0.25 ml 内含 1 个血凝单位。

例如 1 2 3 4 5 6 7

1:8 1:16 1:32 1:64 1:128 1:256

＋＋＋＋ ＋＋＋＋ ＋＋＋ ＋＋ ＋ － －

这种情况血凝效价为 1:64,即将此病毒液稀释 64 倍时每 0.25 ml 病毒液内含 1 个血凝单位。为确保试验中病毒的含量,在血凝抑制试验中,常使用每 0.25 ml 含 4 个血凝单位病毒悬液,即实际使用的病毒稀释度应为 1:16,又称 1 个实用单位。

2. 血凝抑制试验

(1) 结果观察:先观察对照管,如病毒对照管出现完全凝集,而血清对照管和红细胞对照管不发生凝集,则可观察试验管,判定其效价。

(2) 结果判断:以能够完全抑制红细胞凝集的血清最高稀释度作为其血清抑制效价。第 1 管效价为 1:10,第 2 管为 1:20,第 3 管为 1:40,第 4 管为 1:80,第 5 管为 1:160,第 6 管为 1:320。一般恢复期效价等于或大于急性期效价 4 倍有临床意义。

二、病毒的中和试验

【实验目的】

了解病毒中和试验的方法及原理。

【实验原理】

人或动物被某些病毒感染后,可产生具有高度特异性的中和抗体,此抗体可以结合细胞外游离病毒而消除病毒的感染性,保护机体。中和试验是将已知病毒与系列患者稀释血清相互作用后,接种至组织细胞或动物体内来测定病毒感染力。由于此试验要求在敏感动物或组织内进行,且观察结果耗时较长,故很少用于临床疾病诊断。

【试验材料】

人胚肾单层细胞培养管、脊髓灰质炎 I、II、III 型病毒(毒株及减毒株均可)、患者急性期及恢复期血清、正常兔血清、0.5%水解乳蛋白 Hank's 液、小牛血清、Hank's 液、无菌吸管、小试管、恒温培养箱等。

【实验方法】

(1) 将脊髓灰质炎 I、II、III 型病毒分别接种至人胚肾单层细胞培养瓶内,每型接种数瓶,置 37 ℃温箱培养,待细胞病变达"＋＋＋"时收获病毒液。

(2) 将三型病毒分别用 0.5%水解乳蛋白 Hank's 液做连续 10 倍稀释,稀释至 10^{-8} 或更高。然后将各型病毒的稀释液分别接种至人胚肾单层细胞,每稀释度接种 4 管,每管接种 0.2 ml,而后加维持液至 1.0 ml。37 ℃培养 1 周,隔日观察细胞病变,并详细记录,第 7 d 最后判定结果。按 Reed-Muech 方法计算出 $TCID_{50}$/0.1 ml。

(3) 取脊髓灰质炎 I、II、III 型病毒液，按其 $TCID_{50}$ 值稀释至 100 $TCID_{50}$/0.1 ml。

(4) 将病人急性期和恢复期血清自 1∶5开始做四倍稀释至 1∶1 280。将每种稀释度血清分装 3 管，每管 0.25 ml。

(5) 于第 1 排各管稀释血清中加入 I 型病毒 0.25 ml，第 2 排各管稀释血清中加入 II 型病毒 0.25 ml，第 3 排各管稀释血清中加入 III 型病毒 0.25 ml，摇匀后至 37 ℃水浴 2 h。然后取出接种至细胞培养管，每种病毒混合液接种 2 管，每管 0.25 ml。同时做细胞及各型病毒对照管。置 37 ℃培养，隔日观察细胞病变，共观察 7 d。

(6) 结果判定：能够抑制细胞病变出现的血清最高稀释度即为该血清的中和效价（两管中有一管未出现细胞病变即认为有中和抗体的存在）。结果举例如表 29-1。

表 29-1　病毒中和试验

病毒型别	血清稀释表					病毒对照<$TCID_{50}$			细胞对照
	1∶5	1∶20	1∶80	1∶320	1∶1 280	I	II	III	
						●●	●●	●●	○○
I	○○	○○	○○	○○	○○				
II	○○	○○	○○	○○	●●				
III	○○	○○	●●	●●	●●				

注：●——有明显细胞病变；○——无明显细胞病变。

【实验结果】

(1) 脊髓灰质炎 I 型中和抗体效价为≥1∶1 280。

(2) 脊髓灰质炎 II 型中和抗体效价为 1∶320。

(3) 脊髓灰质炎 III 型中和抗体效价为 1∶20。

三、ELISA 法检查 HBsAg

【实验目的】

了解 ELISA 的实验原理及其实验方法。

【实验原理】

ELISA 双抗体夹心法是通过包被 1 个单克隆抗体，加入待检抗原和另一个单克隆酶标物，待检抗原上的 2 个抗原决定簇同时与已知单克隆抗体和酶标单克隆抗体结合，形成固相抗体—待检抗原—酶标抗体复合物，加底物显色来判断 HBsAg 是否存在。

【实验材料】

1. ELISA 检测 HBsAg 试剂盒

(1) 包被用 HBsAb、HRP-HBsAb、阳性与阴性对照血清。

(2) 包被液：0.05 mol/L pH9.6 的碳酸盐缓冲液。

(3) 稀释液：0.02 mol/L pH7.4 的 Tris-HCl 缓冲液。

(4) 洗涤液:稀释液加 0.1% Tween20。

(5) 底物液:0.1 mol/L Na_2HPO_4 5.14 m,0.05 mol/L 柠檬酸 4.86 ml,混匀,加入邻苯二胺 4 mg,置棕色小瓶待用,临用时加 30% H_2O_2 4.0 μl,混匀。

(6) 终止液:2 mol/L H_2SO_4。

2. 待检标本:患者血清

3. 恒温培养箱、冰箱、酶标仪

【实验方法】

(1) 用包被液稀释包被用 HbsAb 至所需要量,加入至酶标板中,0.1 ml/每孔,置 4 ℃孵育 24 h 后,用洗涤液清洗 3 次,每次 3 min。

(2) 每孔加待检血清 0.1 ml,每个样品加 2 孔,每板均设阳性、阴性及空白对照各 2 孔,置 37 ℃孵育 24 h 后,用洗涤液清洗 3 次。

(3) 用稀释液将 HRPHBsAb 稀释至所需浓度,每孔加 0.1 ml(空白对照孔不加),置 37 ℃孵育 24 h 后,用洗涤液清洗 4 次,每孔加 0.1 ml 底物,置 37 ℃孵育 15 min。

(4) 每孔加 2 mol/L H_2SO_4 0.05 ml 终止反应。

(5) 测定 OD 值:用酶标仪读数,可选择单波长 450 nm(以空白孔较零)或双波长 450/630 nm,读取各孔 OD 值。

【实验结果】

Cut-off 值计算:COV=阴性对照平均 OD 值×2.1

标本 OD 值≥COV 为阳性;标本 OD 值<COV 为阴性

注意　阴性对照 OD 值低于 0.05 作 0.05 计算,高于 0.05 按实际 OD 值计算。

四、ELISA 法检查乙型肝炎病毒抗 HBs

【实验目的】

了解 ELISA 双抗原夹心法的实验原理及其实验方法。

【实验原理】

将 HbsAg 包被到固相载体表面,加入待检血清,血清中抗 HBs 和固相抗原结合,再与酶标 HBsAg 反应,形成固相抗原—待检抗体-酶标抗原复合物,加底物显色来判断抗 HBs 是否存在。

【实验材料】

1. ELISA 检测抗 HBs 试剂盒

(1) 包被用 HBsAg、HRP-HbsAg、阳性与阴性抗 HBs 对照血清。

(2) 包被液:0.05 mol/L pH9.6 的碳酸盐缓冲液。

(3) 稀释液:0.02 mol/L pH7.4 的 Tris-HCl 缓冲液。

(4) 洗涤液:稀释液加 0.1% Tween20。

(5) 底物液:0.1 mol/L Na_2HPO_4 5.14 ml,0.05 mol/L 柠檬酸 4.86 ml,混匀,加入邻苯二胺 4 mg,置棕色小瓶待用,临用时加 30% H_2O_2 4.0 μl,混匀。

(6) 终止液：2 mol/L H_2SO_4。

2. 待检标本：患者血清

3. 恒温培养箱、冰箱、酶标仪

【实验方法】

(1) 用包被液稀释包被用 HbsAg 至所需要量，加入酶标板中，0.1 ml 每孔，置 4 ℃孵育 24 h 后，用洗涤液清洗 3 次，每次 3 min。

(2) 每孔加待检血清 0.1 ml，每个样品加 2 孔，每板均设阳性、阴性及空白对照各 2 孔，置 37 ℃孵育 24 h 后，用洗涤液清洗 3 次。

(3) 用稀释液将 HRP-HBsAg 稀释至所需浓度，每孔加 0.1 ml(空白对照孔不加)，置 37 ℃孵育 24 h 后，用洗涤液清洗 4 次，每孔加 0.1 ml 底物，置 37 ℃孵育 15 min。

(4) 每孔加 2 mol/L H_2SO_4 0.05 ml 终止反应。

(5) 测定 OD 值：用酶标仪读数，可选择单波长 450 nm(以空白孔较零)或双波长 450/630 nm，读取各孔 OD 值。

【实验结果】

Cutoff 值计算及结果判断同 HBsAg 检测。

五、HIV 抗体筛选试验

人类免疫缺陷病毒(HIV)是获得性免疫缺陷综合症的病原体。对 HIV 感染者的检查主要包括血清抗体的检测、血清抗原的检测及其核酸的检测等。目前对可疑感染者常规是先用 ELISA 法检测 HIV 抗体进行初步筛选，阳性结果者必须做 Westernbolt 和免疫荧光试验(IFA)进一步确证。

【实验目的】

了解 ELISA 法检测 HIV 抗体的实验原理和结果判定。

【实验原理】

用 HIV 多肽抗原包被反应板，当待检血清标本中有 HIV 抗体时，该抗体可与结合在反应板上的抗原结合，最后用酶标抗人 IgG 与结合在抗原上的 HIV 抗体结合，用底物使其显色。

【实验材料】

1. 试剂

(1) 包被液：0.05 mol/L、pH9.6 的碳酸盐缓冲液。

(2) 0.15 mol/L、pH7.2～7.4PBS。

(3) 洗涤液：0.15 mol/L、pH7.2～7.4PBS 加 0.05% Tween20。

(4) 稀释液：洗涤液加 0.5%牛血清白蛋白。

(5) 封闭液：洗涤液加 1%牛血清白蛋白。

(6) 底物液：用 PH5.0 磷酸盐-柠檬酸缓冲液配制的 OPD-H_2O_2或 TMB-H_2O_2。

(7) 终止液：2 mol/L H_2SO_4。

(8) 酶标兔抗人 IgG。

(9) 包被用 HIV 抗原。

2. 待检标本：被检者血清

3. 对照血清：阳性及阴性抗 HIV 血清

4. 恒温培养箱、冰箱、酶标仪

【实验方法】

(1) 用包被液稀释包被用 HIV 抗原至所需要量(1 μg/ml)，加入酶标板中，100 μl/每孔，置 4 ℃孵育 24 h 后，用洗涤液清洗 3 次，甩干。

(2) 加封闭液，每孔 200 μl，37 ℃温浴 24 h，用洗涤液清洗 2 次。

(3) 用稀释液将待检标本作 100 倍稀释后，加入酶标板，每孔加 100 μl。并设相同稀释度的阳性、阴性及空白对照，37 ℃温浴 1 h 后，用洗涤液清洗 6 次。

(4) 加入酶标抗体(工作浓度)，100 μl/每孔，37 ℃水浴 1 h 后，用洗涤液清洗 6 次。

(5) 加底物液 OPD-H2O2 或 TMB-H2O2，100 μl/每孔，37 ℃温箱避光孵育 10～30 min。

(6) 每孔加 2 mol/L H_2SO_4 50 μl 终止反应。

(7) 测定 OD 值：用酶标仪读数(490 nm 或 450 nm)，读取 OD 值。判定结果：

$$P/N=(N1-N0)/(N2-N0)$$

注意　N1 待检标本的 OD 值；N0 空白对照的 OD 值；N2 阴性对照的 OD 值。

【实验结果】

阳性：P/N＞2.1。

可疑：1.5≤P/N≤2.1。

阴性：P/N＜1.5。

六、Westernbolt 法检测 HIV 抗体

对 HIV 感染者的诊断需持慎重态度，因此，在 ELISA 初筛阳性后，尚需用蛋白印迹(Westernbolt)法进行确证。

【实验目的】

了解 Westernbolt 法检测 HIV 抗体的实验原理及其结果判定。

【实验原理】

将提纯后的 HIV 用聚丙烯酰胺凝胶电泳(PAGE)将病毒蛋白按分子量的大小分开，再转移到硝酸纤维膜上制成膜条，然后将待检血清与带有 HIV 蛋白的膜条反应，再用酶标抗人 IgG 抗体与其反应，并加底物显色，若血清中含有相应抗体，则可在膜片上出现相应的色带。

【实验材料】

(1) SDS-PAGE 电泳系统。

(2) 0.22 μm 的硝酸纤维素薄膜。

(3) 印迹电转移系统。

(4) HIV-1/2 抗原、洗涤液、HRP-兔抗人 IgG、酶标抗体稀释液、底物缓冲液均与 ELISA 法筛选试验相同。

(5) TMB-H_2O_2底物系统。

(6) 显色稳定剂 DONS(丁二酸二辛酯磺酸钠)。

【实验方法】

1. 硝酸纤维素印迹条的制备

1) SDS-PAGE

(1) 在 16 cm×16 cm 凝胶玻璃板内灌注 12.5%凝胶作为分离胶,上层以 50%乙醇封顶。待分离胶聚合后,倾去乙醇溶液,上层再灌注 4%浓缩胶。待其聚合后,于表层加电泳缓冲液。

(2) HIV-1/2 抗原处理:100 μl HIV-1/2 抗原加 900 μl 样品缓冲液(含溴酚蓝)于 100 ℃水浴中煮沸 5 min。

(3) 垂直电泳:处理后的 HIV-1/2 抗原待冷却后,迅速而细心地加至浓缩胶表面,接通电源,待抗原进入分离胶后(观察溴酚蓝的位置),可提升电压,通常为电流 1 mA/cm^2,电压 50～100 V(需有冷却系统)。待溴酚蓝全部通过分离胶进入电泳缓冲液后,关闭电源。

2) 印迹电转移

(1) 在电转移装置的阳极,放 3 层浸有缓冲液的滤纸(16 cm×16 cm)。

(2) 将 16 cm×16 cm 的硝酸纤维素膜用电转移缓冲液浸湿后置于上述滤纸上。

(3) 将电泳后的凝胶取出,切去浓缩胶,将分离胶放在硝酸纤维膜上,排除气泡。

(4) 凝胶表面再放 3 层浸有缓冲液的滤纸。

(5) 将电转移装置的阴极用去离子水浸湿后盖上,接通电流。按 0.8 mA/cm^2进行电转移 1 h。

3) 封闭及切割

转移后的硝酸纤维素膜用 10%的脱脂奶粉溶液封闭空余部位 2 h。洗净后,用小刀将薄膜切成约 4 mm 宽的条带,在带有抗原面编上号码,放入试管内,储存于 4 ℃备用。

2. HIV 抗体的测定

(1) 在蛋白印迹反应槽内加入 3 ml 洗涤液。

(2) 加入待检血清 6 μl,混匀。

(3) 加入上述备用的抗原膜条,在室温下振摇 2 h,每份样品为 1 条。每次测定需附阳性及阴性对照。在振摇时应使膜条带有号码的一面朝上。

(4) 倾去槽内反应液,用洗涤液将各膜条洗涤 5 次,每次 3 min。

(5) 在反应槽内各加入含 1∶1 000 的 HRP-兔抗人 IgG、酶标抗体反应液 3 ml,于室温中振摇 1 h,然后用洗涤液洗涤 4 次,最后用底物缓冲液洗涤 1 次。

(6) 显色:在各反应槽内加底物 3 ml,并不断振摇 3～5 min。待阳性对照出现典型的蓝绿色区带后,迅速倾去底物缓冲液。膜条用蒸馏水冲洗,终止反应。形成的有色区带用

3 ml DONS 水溶液(1∶4)固定 30 min。

(7) 膜条取出后晾干并保存于暗处。

【实验结果】

(1) 阳性对照和阳性样品可能出现三种区带即 env 带(gp120、gp41)、pol 带(p51/p61、p32、p11)、gag 带(p24、p17、p7),而且一种带可能如上述出现数条条带,其分子量可用分子量标准对应测得。

(2) 确证试验的结果判定(根据 WHO 推荐标准):阳性——至少 1 条 env 带和一条 pol 带;或至少 1 条 env 带和一条 gag 带,或至少 1 条 env 带、一条 gag 带和一条 pol 带;或至少 2 条 env 带。可疑——1 条 gag 带和一条 pol 带,或分别只有 gag 带或 pol 带。阴性——无病毒特意带。

【注意事项】

(1) 电转移缓冲液:25 mmol/L Tris-HCl(pH8.3)含 192 mmol/L 甘氨酸和 20%甲醇。

(2) 底物:30 ml、8.0 g/L DONS 乙醇液,加 1 ml、72 g/L TMB DMSO 溶液,加 120 ml 底物缓冲液。临时加 60 μl 35% H_2O_2。

【思考题】

血凝抑制试验为何要设计对照管?

(邓毛子)

▶ 实验三十　病毒的核酸检测 ◀

病毒的分离鉴定耗时较长，不利于临床检测。因此目前在临床上对于病毒性疾病的辅助诊断，除血清学实验外，多采用快速诊断。病毒的快速诊断主要包括直接电镜检查、核酸检测及免疫荧光检测等。其中又以核酸检测多用。现以 PCR 检测 HBV-DNA 为例作简要介绍。

【实验目的】

掌握 PCR 检查病毒核酸的方法。

【实验原理】

HBV-DNA 用 PCR 仪大量扩增，经溴乙锭琼脂电泳后，紫外线灯下可显示橙红色 HBV-DNA 条带。

【实验材料】

1. 试剂

（1）HBV 裂解液：乙酸钠 1.7 g、EDTA-Na 24.56 g、20 mg/ml 蛋白酶 K2.5 ml、100 g/L SDS 10 ml、DEPC 三重蒸馏水加至 50 ml。

（2）3 mol/L 乙酸钠缓冲液（PH5.2）。

（3）酚/氯仿/异戊醇混合液（25∶24∶1）。

（4）无水乙醇及 70％乙醇溶液。

（5）PCR 反应缓冲液：在 50 μl 反应体积内含有 50 mmol/L KCl 溶液，10 mmol/L Tris-HCl（PH8.3）溶液，1.5 mmol/L $MgCl_2$溶液，0.1 g/L 明胶溶液，0.2 mmol/L 4 中脱氧核糖核酸溶液。各为 25 pmol/L 的两个引物：

正向引物 5'-TTG CCT TCT GAC TTC TTT CC-3'；

反向引物 5'-CGA GGG AGT TCT TCT TCT AG-3'

Taq-DNA 聚合酶 2u。

（6）加样缓冲液：2.5 g/L 溴酚蓝溶液，400 g/L 蔗糖水溶液。

（7）溴乙锭溶液（EB）10 mg/ml（具有致癌性，操作时应带手套）。

（8）TAE 缓冲液。

（9）琼脂糖。

（10）HBV-DNA 阳性血清，HBV-DNA 阴性血清。

2. 待测血清

3. PCR 扩增仪，电泳仪，水平电泳槽，紫外线分析仪，暗室，微量加样器，Eppendorf 管等

【实验方法】

1. HBV-DNA 提取

(1) 取待测血清 200 μl,HBV 裂解液 20 μl 于 Eppendorf 管中,60 ℃水浴 1 h,同时设阴性、阳性对照。

(2) 加酚/氯仿/异戊醇混合液 200 μl,上下颠倒混匀,14 000 r/min 离心 4 min,吸上清液于另一新的 Eppendorf 管中。

(3) 加 1/10 体积的 3 mol/L 乙酸钠缓冲液(PH5.2)及 2 倍体积的无水乙醇,－20 ℃过夜。14 000 r/min 离心 15 min,弃上清液。

(4) 加 70％乙醇溶液至 Eppendorf 管 2/3 处,混匀,洗涤沉淀。14 000 r/min 离心 15 min,弃上清液,室温中 10 min 使乙醇挥发。

2. 加样及 PCR 扩增

(1)加 PCR 反应缓冲液 50 μl,用 30 μl 液体石蜡封顶。(顶部加热式 PCR 扩增仪可不用石蜡封顶)

(2) 置于 PCR 扩增仪,94 ℃变性 5 min,然后进入循环:94 ℃ 60 min、55 ℃ 90 s、72 ℃ 120 s,30 个循环。

3. 琼脂糖电泳

(1) 用 TAE 缓冲液配置 1.5％～2％琼脂糖,煮沸溶解后,加入溴乙锭溶液(终浓度为 0.5 μg/ml),制板。

(2) 取 PCR 扩增产物 8 μl 加 1.5 μl 加样缓冲液混合后加到凝胶样品槽内。

(3) 电泳:电泳缓冲液为 TAE 缓冲液,电压 5 V/cm,电泳 30 min 即可。

【实验结果】

将电泳完毕的琼脂糖凝胶置于紫外分析仪(300 nm)下观察,可见橘红色明亮带,若标本扩增带与阳性对照扩增带处于同一位置,即 HBV-DNA 为阳性。

(邓毛子)

第六篇

综合性实验

YI XUE WEI SHENG WU XUE
SHI YAN
JIAO CHENG

▶ 实验三十一　临床脓汁标本的细菌学检查 ◀

一些病原微生物感染可引起患者出现化脓性感染，患者某些组织或器官可出现化脓灶，在临床此类疾病的诊断中可取相应部位的脓汁标本进行微生物学检查，来明确诊断。化脓性感染根据病原微生物的来源分为内源性和外源性。外源性感染来自于自然界中的微生物，通过粘膜或破损的皮肤进入机体。感染多发生在外伤、手术创面、手术填塞物及各类导管留置部位等。内源性感染是由正常菌群中的某些成员引起的，多由于机体免疫力下降、寄居部位发生改变及广谱抗生素的长期应用等引起。临床上脓汁标本中常见的病原菌见表 31-1：

表 31-1　脓汁标本中常见病原菌

细菌形态	革兰阳性菌	革兰阴性菌	抗酸性细菌
球菌	葡萄球菌	淋病奈瑟菌	结核分枝杆菌
	化脓性链球菌	脑膜炎奈瑟菌	
杆菌	肺炎链球菌	大肠埃希菌	
	产气荚膜梭菌	铜绿假单胞菌	
	炭疽芽胞杆菌	变形杆菌	
		脆弱类杆菌	

【实验目的】

了解临床脓汁标本的微生物学检查程序与方法。

【实验材料】

(1) 临床标本：脓拭子或脓肿抽取液。

(2) 培养基：血琼脂平板、EMB 琼脂平板等。

(3) 试剂：无菌生理盐水、革兰染液、抗酸染液等。

(4) 酒精灯、接种环、载玻片、恒温培养箱、厌氧培养箱等。

【实验方法及结果】

1. 标本的采集原则

采集脓汁标本前应先观察化脓病灶的脓汁特征，对于病原的判断具有一定的鉴别意义。主要观察内容为脓汁的稀薄程度、颜色、气味及有无颗粒等。如绿色可能为铜绿假单胞菌感染；有恶臭，则可能为变形杆菌或厌氧菌感染；有灰白色或硫磺色颗粒，则可能有放线菌感染。

1) 标本采集方法

(1) 棉拭子采集法：主要适用于已破溃的化脓性病灶及其他开放性创伤的化脓性病灶。在采集标本前，应先用无菌生理盐水冲洗表面污物，再用无菌棉拭子采集。

(2) 抽取法：多用于闭锁性脓肿的脓汁标本采集。用碘伏消毒脓肿及周围皮肤，以无菌注射器穿刺抽取脓汁，直接送检（针头插一无菌橡皮塞隔绝空气）。也可在脓肿切排时用无菌棉拭子蘸取。

（3）对大面积创伤感染，可取感染组织块或蘸有脓汁的内层敷料送检。在创口出血时或敷用药物 2 h 以内，以及烧伤伤口在 12 h 内不宜采集标本，此时获得阳性结果的机会很少。

2）注意事项

（1）用药前采集标本。患者如已用药，需做记录，以便对检测结果进行分析。

（2）观察并记录脓汁的性状、颜色及气味等，作为检查结果的参考。

（3）如疑有对干燥敏感的细菌，须在棉拭子采集标本后，立即将其置于液体培养基中。

（4）深部脓肿中常混有厌氧菌感染，所采集标本需在厌氧条件下送检，并在做一般培养的同时要进行厌氧培养。

2. 检查方法与结果报告

1）直接涂片检查

（1）方法：标本涂片、干燥、固定及染色，油镜下观察。

应采集一式两份标本，分别用于培养及涂片，一般临床送检只有一份标本，为防止标本受到污染，应先做培养，再做涂片检查。一般细菌使用革兰染色，如寻找抗酸性细菌，则使用抗酸染色。

（2）结果报告：记录细菌的形态染色特征，主要包括细菌的形状、染色性及排列方式等。如未找到细菌，可记录为“直接涂片未见细菌”。

2）细菌的分离与鉴定

在细菌的分离培养前需根据临床表现、直接涂片检查结果，选用相应的培养基与培养方法。

（1）常规分离培养方法。

细菌接种：取脓汁标本划线接种于血琼脂或 EMB 平板上，37 ℃培养 18～24 h（接种后的标本 4 ℃保存，待培养结果传来后再行处理），观察并记录菌落特征。

革兰染色镜检：取培养后平板中的单个菌落进行革兰染色，油镜下观察细菌形态染色特征。

厌氧菌分离培养：取脓汁标本划线接种于血琼脂平板上，37 ℃厌氧环境下 24～48 h 培养。或先接种于庖肉培养基增菌后，再转种于血琼脂平板上经厌氧培养后再进行相应鉴定。在进行厌氧培养时，须同时做一般培养，以免遗漏需氧菌。

疑似结核分枝杆菌：标本需接种至罗氏培养基进行分离培养，然后进行抗酸染色镜检。

（2）常见病原菌及其鉴别。

初步判断为葡萄球菌：再做血浆凝固酶试验，阳性证明其具有致病性。

疑为链球菌：根据其是否溶血及其溶血类型进行区分。如为 α 溶血，则需做胆汁溶菌实验和 Optochin 试验，与肺炎链球菌鉴别。

疑为肺炎链球菌：需仔细观察其是否有肥厚荚膜，并做胆汁溶菌实验和 Optochin

试验。

疑为革兰阴性菌:则按肠杆菌科细菌的鉴定程序与方法进行。

(3) 结果报告。根据鉴定结果报告细菌名称。如标本培养 48～72 h 后仍无细菌生长,则报告“无细菌生长”。如疑似结核分枝杆菌,接种罗氏培养基后,需培养观察 2～3 周。

3. 临床意义

(1)疾病的诊断:标本中检查出相应细菌,可辅助诊断细菌感染性疾病。

(2)指导临床治疗病原菌的检出,对于指导临床治疗有非常重要的意义,尤其是再行药敏试验,则增加治疗的针对性。当检出者为常居菌时,一般每克组织的细菌数需达 10^5～10^6 个以上,才具有意义。

(邓毛子)

▶ 实验三十二　药品中金黄色葡萄球菌的检查 ◀

金黄色葡萄球菌分布广泛，常可污染药品，是葡萄球菌中致病力最强的一种，能导致人体的感染。目前规定，凡外用药和眼科制剂都不得检出金黄色葡萄球菌。

【实验目的】

了解药品中病原菌的鉴定方法，熟悉其鉴定过程。

【实验材料】

（1）培养基：亚碲酸钠肉汤培养基、T. M. P 高盐琼脂平板、普通琼脂斜面、甘露醇发酵管。

（2）菌种：金黄色葡萄球菌[cmC(CB)26003]。

（3）兔血浆、酚红指示剂、样品（供试品）、革兰染液。

（4）恒温培养箱、锥形瓶、接种环、酒精灯、载玻片。

【实验方法及结果】

1. 增菌

取 1∶10 样品（供试品）稀释液 10 ml 接种于盛 100 ml 亚碲酸钠肉汤培养基的锥形瓶中，37 ℃培养 24 h（如菌生长不明显可继续培养至 48 h）。增菌液中加入亚碲酸钠，可抑制革兰阴性杆菌的生长。

2. 分离培养

将上述亚碲酸钠肉汤培养物划线接种于含亚碲酸钾（钠），甘露醇、酚红的高盐琼脂平板（T. M. P 高盐琼脂平板）上，37 ℃培养 24～48 h。在此平板上金黄色葡萄球菌的菌落形态为圆形、黑色、直径约 0.5～1 mm、周围有黄色透明环。将疑似菌落移种于普通琼脂斜面，培养后得纯培养物。用 T. M. P 高盐琼脂平板进行分离培养，是因该培养基配方中含有高浓度氯化钠和亚碲酸盐，可抑制革兰阴性菌生长，而允许金黄色葡萄球菌生长；同时金黄色葡萄球菌将碲盐还原成金属碲，菌落呈黑色；该菌还可分解培养基中的甘露醇产酸，使酚红指示剂由淡红色变为淡橙黄色，故出现黄色环。

3. 革兰染色镜检

自斜面取菌，于载玻片上进行涂片、固定、革兰染色，油镜镜检，记录其革兰染色性、细菌形状及其排列特征。

4. 生化反应

（1）甘露醇发酵试验：按无菌操作取菌接种于甘露醇发酵管内，37 ℃培养 24 h，观察结果。

（2）血浆凝固试验（玻片法）：于载玻片的一端加兔血浆 2 接种环，另一端加生理盐水 2 接种环作为对照，取疑似菌分别置于生理盐水或兔血浆中研磨混匀，轻轻摇动玻片，观察疑似菌有无凝集现象。金黄色葡萄球菌是致病菌，产生血浆凝固酶，可使兔或人血浆凝固，故血浆凝固酶是测定葡萄球菌有无致病性的重要依据。

5. 阳性对照

以金黄色葡萄球菌标准株为阳性对照菌株，接种于斜面或肉汤 10 ml，37 ℃培养 24～48 h，再以生理盐水用 10 倍稀释法稀释至每毫升含 50～100 个菌，吸取稀释菌液 1 ml 加入有供试品的肉汤中，于 37 ℃培养 24 h，分离鉴定，加入的阳性菌应能检出。如阳性菌不能检出，应考虑供试品有抑菌作用或其他原因，需另加处理后再行复试。

6. 结果判断

根据上述实验，判断该疑似菌是否为致病性金黄色葡萄球菌，并明确在 1 g 或 1 ml 供试品内是否存在金黄色葡萄球菌。

（邓毛子）

▶ 实验三十三　水中细菌总数和大肠菌群指数的测定 ◀

水是生命生存所必需的条件之一，水质的好坏对人们的健康有着至关重要的影响。在自然环境中，许多致病性的细菌常常存在于水中，人们饮用后可引发如伤寒、痢疾、霍乱等传染性疾病。饮用水中病原菌的检测，国际上一般采用大肠菌群指数作为指标。我国饮用水卫生标准(GB5749-85)规定每升水中大肠菌群指数要小于3，每毫升水样中细菌总数不得大于100个。

【实验目的】

学习水样的采集方法，了解水中细菌总数和大肠菌群指数的检测方法。

【实验原理】

水中细菌数越多，说明其中有机质含量越大，水被有机质污染的程度越大。细菌总数是指1 ml水样在普通营养琼脂培养基中，经37 ℃培养24 h后，所形成的菌落数。目前一般采用平皿倾注法测定。大肠菌群指数是指每升水中大肠菌群数，大肠菌群指数越高，表明水被粪便污染越严重，则有可能被肠道病原菌污染。目前我国大多数环保、卫生及水厂均采用多管发酵法测定。多管发酵法包括初发酵试验、平板分离和复发酵试验。

1. 初发酵试验

发酵管内装有乳糖蛋白胨液体培养基，并同时加有pH指示剂溴甲酚紫。37 ℃培养24 h后，大肠菌群能发酵乳糖产酸产气，使溴甲酚紫变黄，同时倒置的德汉氏小管内有气泡出现，为阳性结果，说明水中存在大肠杆菌。但个别不属于大肠杆菌的其他细菌也可能出现这种情况，此外产酸不产气的也不一定不是大肠杆菌，因此遇到这两种可疑结果，需继续进行平板分离和复发酵试验才能确定是否是大肠杆菌。48 h后仍不产气的为阴性结果。

2. 平板分离

可采用伊红美蓝培养基(EMB培养基)分离鉴定。伊红美蓝培养基含有伊红与美蓝两种指示剂，大肠菌群发酵乳糖产酸后，该两种染料结合形成复合物，从而使大肠菌群产生中央有金属光泽的紫黑色菌落。初发酵管24 h内产酸产气和48 h产酸产气的均需在伊红美蓝平板上换线分离，然后取可疑菌落做染色检查。

3. 复发酵试验

将以上两次试验已证实为大肠菌群阳性的菌落，重新接种发酵(同初发酵)，24 h培养后产酸产气者，最后确定为大肠菌群阳性。根据确定有初发酵管的数目，查出大肠菌群指数。

【实验材料】

1. 培养基：牛肉膏蛋白胨琼脂培养基(普通营养培养基)、乳糖蛋白胨液体培养基、伊红美蓝培养基、乳糖蛋白胨发酵管。

2. 灭菌玻璃瓶或三角烧瓶、灭菌吸管、灭菌平皿、灭菌试管、革兰染液、普通光学显微镜、恒温培养箱等。

【实验方法及结果】

1. 细菌总数测定

1) 水样的采取

(1) 自来水检测：先将水龙头用酒精灯烧灼灭菌 3 min，再放水 5 min 后，以灭菌三角烧瓶取菌。

(2) 池水、河水等检测：取距水面 10～15 cm 的深层水，将灭菌带玻璃塞的空瓶，瓶口向下浸入水中，然后翻转过来，拔开瓶塞取样。

2) 水中细菌总数测定

(1) 自来水样的检测：用灭菌吸管吸取 1 ml 水样，注入灭菌平皿(共做 2 个)。然后分别倾注约 15 ml 已冷却至 45 ℃左右的牛肉膏蛋白胨琼脂培养基，并立即置于平整的桌面，平面旋转运动，使水样与培养基充分混匀。同时做另一不加水样，倾注约 15 ml 已冷却至 45 ℃左右的牛肉膏蛋白胨琼脂培养基做空白对照。培养基凝固后 37 ℃培养 24 h 后进行菌落计数(两个平板的平均菌落数，即为 1 ml 水样的细菌总数)。

(2) 池水、河水等的检测：首先为水样的稀释，取 3 支无菌试管，将待测水样做 10^{-1}、10^{-2}、10^{-3}倍比稀释。稀释倍数根据水样的污染程度而定，一般经上述稀释后，平板上菌落数在 30～300 个之间比较合适，如太少或太多，则需减少稀释倍数或增加稀释倍数。一般中等污秽水样取 10^{-1}、10^{-2}、10^{-3}倍比稀释，严重的取 10^{-2}、10^{-3}、10^{-4}倍比稀释。每个稀释度各取 1 ml 稀释水进形平板倾注培养(同上)，培养基凝固后 37 ℃培养 24 h 后进行菌落计数。

3) 稀释水样检测平板的菌落计数方法

(1) 先计算相同稀释度的平均菌落数。对于较多菌落相连成菌苔的平板，不予计算。若菌落成片的大小不到平板的一半，而另一半菌落分布均匀，则整个平板的菌落数为分布均匀侧菌落数的 2 倍，然后再计算该稀释度的平均菌落数。

(2) 首先选择平均菌落数在 30～300 个之间的，当只有一个稀释度的平均菌落数符合此范围，则以该平均菌落数乘以其稀释倍数，即为该水样的细菌总数。

(3) 若有两个稀释度的平均菌落数在 30～300 个之间，则按两者菌落总数之比来决定。若其比值小于 2，应取二者的平均数；若比值大于 2，则取其中较小的菌落总数。

(4) 若所有稀释度的平均菌落数均大于 300，则按稀释度最高的平均菌落数乘以稀释倍数。

(5) 若所有稀释度的平均菌落数均小于 30，则按稀释度最低的平均菌落数乘以稀释倍数。

(6) 若所有稀释度的平均菌落数均不在 30～300 之间，则以最接近 300 或 30 的平均菌落数乘以稀释倍数。

2. 大肠菌群指数测定

1) 自来水样的检测

(1) 初发酵试验：在 2 个含有 50 ml 3 倍浓缩的乳糖蛋白胨发酵烧瓶中，各加入

100 ml 水样。在 10 支含有 5 ml 3 倍浓缩乳糖蛋白胨发酵管中，各加入 10 ml 水样。混匀后 37 ℃培养 24 h，未产气的继续培养至 48 h。

（2）平板分离：将初发酵管 24 h 内产酸产气和 48 h 内产酸产气的发酵管，分别划线接种至伊红美蓝培养基上，37 ℃培养 24 h 后，取可疑菌落进行革兰染色镜检。

（3）复发酵试验：经革兰染色镜检后证实为革兰阴性无芽胞杆菌者，挑取菌落重新接种至乳糖蛋白胨发酵管中 37 ℃培养 24 h，若产酸产气，即证实有大肠菌群存在。再根据初发酵阳性管数查表 33-1，即得大肠菌群指数。

表 33-1　大肠菌群指数检数表

100 ml 水样的阳性管数	0	1	2
100 ml 水样的阳性管数	每升水样中大肠菌群指数	每升水样中大肠菌群指数	每升水样中大肠菌群指数
0	<3	4	11
1	3	8	18
2	7	13	27
3	11	18	38
4	14	24	52
5	18	30	70
6	22	36	92
7	27	43	120
8	31	51	161
9	36	60	230
10	40	69	>230

注：接种水样总量 300 ml，其中 2 份 100 ml，10 份 10 ml 水样。

2）池水、河水等的检测

采样后，检测时水样的稀释度和接种水样总量，取决于估计水清洁或污染的程度，一般是清水不稀释，接种水样总量 300 ml，其中 2 份 100 ml，0 份 10 ml 水样；水轻度污染，稀释成 10^{-1}，接种水样总量 111.1 ml，其中 1 份 100 ml，1 份 10 ml 水样、1 份 1 ml 水样和 1 份 0.1 ml 水样；水中度污染，稀释成 10^{-1}、10^{-2}，接种水样总量 11.11 ml，其中 1 份 10 ml，1 份 1 ml 水样、1 份 0.1 ml、1 份 0.01 ml 水样；水严重污染，稀释成 10^{-1}、10^{-2}、10^{-3}，接种水样总量 1.111 ml，其中 1 份 1 ml，1 份 0.1 ml 水样、1 份 0.01 ml、1 份 0.001 ml 水样。

（1）将水样稀释成 10^{-1}、10^{-2}。

（2）分别吸取 1 ml 10^{-2}、10^{-1} 的稀释水样和 1 ml 原水样，各注入装有 10 ml 普通浓度乳糖蛋白胨发酵管中。另取 10 ml 和 100 ml 原水样，分别注入装有 5 ml 和 50 ml 3 倍浓缩乳糖蛋白胨发酵管（瓶）中，混匀后 37 ℃培养 24 h，24 h 未产气者继续培养至 48 h。

（3）以下步骤与上述自来水检测的平板分离和复发酵试验相同。证实有大肠菌群后，将 100、10、1、0.1 ml 水样的结果查表 33-2，将 10、1、0.1、0.01 水样的结果查表33-2，即获得每升水样中大肠菌群指数。

表 33-2　大肠菌群指数检数表

接种水样量/ml				每升水样中大肠菌群指数
100	10	1	0.1	
—	—	—	—	<9
—	—	—	+	9
—	—	+	—	9
—	+	—	—	9.5
—	—	+	+	18
—	+	—	+	19
—	+	+	—	22
+	—	—	—	23
—	+	+	+	28
+	—	—	+	92
+	—	+	—	94
+	—	+	+	180
+	+	—	—	230
+	+	—	+	960
+	+	+	—	2 380
+	+	+	+	>2 380

注：接种水样总量 111.1 ml，其中 1 份 100 ml，1 份 10 ml 水样、1 份 1 ml 水样和 1 份 0.1 ml 水样。“+”表示大肠菌群发酵阳性，“—”表示大肠菌群发酵阴性。

表 33-3　大肠菌群指数检数表

接种水样量/ml				每升水样中大肠菌群指数
10	1	0.1	0.01	
—	—	—	—	<90
—	—	—	+	90
—	—	+	—	90
—	+	—	—	95
—	—	+	+	180
—	+	—	+	190
—	+	+	—	220
+	—	—	—	230
—	+	+	+	280
+	—	—	+	920
+	—	+	—	940
+	—	+	+	1 800

续表

接种水样量/ml				每升水样中大肠菌群指数
+	+	−	−	2 300
+	+	−	+	9 600
+	+	+	−	23 800
+	+	+	+	>23 800

注：接种水样总量 11.11 ml，其中 1 份 10 ml，1 份 1 ml 水样、1 份 0.1 ml 水样和 1 份 0.01 ml 水样。“+”表示大肠菌群发酵阳性，“−”表示大肠菌群发酵阴性。

（邓毛子）

▶附　　录◀

一、一般染色液的配制

细菌等电点较低，为 pI2～5；在中性或弱碱性环境中，细菌均带负电荷，易与碱性染料结合。因此碱性苯胺染料常用于细菌的染色。配制染液中，一般先将染料溶解于酒精或水中，配成饱和原液，以提高染料纯度及溶解度，又便于长期保存。应用时再以蒸馏水或适当溶液稀释（为增强染色效果，常用石炭酸水溶液或碱性水溶液等作为稀释液）。

1. 酒精饱和度液的配制

称取足量染料，按下表所列数量多称 10%～20%，置棕色试剂瓶内，添加所需酒精，将瓶口盖紧，充分摇匀，静置 1～2 d 待其充分溶解，此时瓶底仍有染料未溶者表明已达饱和。

附表 1　常用染料在 100 ml 水中或酒精中的溶解度

染料（克）	水	酒精
结晶紫	1.68	13.87
龙胆紫	2.93	15.21
美兰（亚甲兰）	3.55	1.48
碱性复红（新）	1.13	3.20

2. 常用染液的配制

1）结晶紫染液

取结晶紫酒精饱和液 20 ml，与 1% 草酸胺水溶液 80 ml 混合即成。

2）卢戈（Lugol）氏碘液

称取碘化钾 2 g 溶于 100 ml 蒸馏水中，再加碘片 1 g，待其溶解后加入蒸馏水至总量为 100 ml。

3）石炭酸复红染液

取碱性复红酒精饱和液 10%，与 5% 石炭酸水溶液 90 ml 混合即成。

4）稀释石炭酸复红染液

取石炭酸复红染液 10 ml，加蒸馏水 90 ml 稀释而成。

5）碱性美蓝染液

取美蓝酒精饱和液 30 ml，与 0.01% KOH 水溶液 100 ml 混合而成。

6）3% 盐酸酒精脱色液

吸取浓盐酸 3 ml 缓慢加入到 97 ml 95% 酒精中，混合即成。

二、特殊染色法染液的配制

1. 细菌细胞壁的染色

(1) 染色液:10%鞣酸,0.5%龙胆紫。

(2) 染色法:细菌涂片自然干燥后,加 10%鞣酸作用 5~7 min。水洗;再加 0.5%龙胆紫染色 10 min,水洗。干后镜检。

(3) 结果:有细胞壁的细菌经鞣酸固定后,仅细胞壁染成紫色,细胞质不着色;细胞壁缺损细菌,染料可渗入菌体内,使整个菌体染成紫色。

2. 异染颗粒染色法

1) 阿尔培(Albert)染色法

(1) 染液。

甲液:甲苯胺蓝 0.15 g,孔雀绿 0.2 g,溶解于 2 ml 的 95%酒精中,再加入蒸馏水 100 ml 及冰醋酸 1 ml,放 24 h 后以滤纸过滤。

乙液:先将碘化钾 3 g 溶于 10 ml 蒸馏水中,再加碘片 2 g,待溶解后,加蒸馏水至 300 ml。

(2) 染色法:涂片经加热固定后,以甲液染 5 min,水洗;再用乙液作用 1 min,水洗,干后镜检。

(3) 结果:菌体染成绿色,异染颗粒染成蓝黑色。

2) 奈瑟(Neisser)氏染色法

(1) 染液。

甲液:美蓝 1 g 溶于 2 ml 95%酒精中,加冰醋酸 5 ml 及蒸馏水 95 ml,混合过滤。

乙液:俾斯麦褐 0.2 g 溶于 100 ℃蒸馏水 100 ml 中(或俾斯麦褐 1 g 溶于 10 ml 的 95%酒精后,再加蒸馏水至 100 ml),混合溶解后过滤。

(2) 染色法:涂片经加热固定后,以甲液染 1 min,水洗;再以乙液染 30 s,水洗,干后镜检。

(3) 结果:菌体染成黄褐色,异染颗粒成深紫色。

3. 荚膜染色法

1) 黑斯(Hiss)氏染色法

(1) 染色液:结晶紫染色液(结晶紫饱和酒精溶液 5 ml 加蒸馏水 95 ml),20%硫酸铜水溶液。

(2) 染色法:制作有荚膜细菌涂片,空气中自然干燥,加热固定。滴加结晶紫染液,在火焰上略加热至冒蒸汽为止。用 20%硫酸铜水溶液将涂片上的染液洗去,切勿再用水冲洗。以吸水纸吸干后镜检。

(3) 结果:菌体及背景呈紫色,菌体周围有一圈淡紫或无色的荚膜。

2) 密尔(Muis)氏染色法

(1) 染色液:石炭酸复红染液、碱性美蓝染液、特殊媒染剂(升汞饱和液 2 份,20%鞣酸水溶液 2 份、钾明矾饱和液 5 份，混合而成）。

（2）染色法：制作有荚膜的细菌涂片，干后加热固定。以石炭酸复红液染 1 min，并微加热，水洗，再加特殊媒染剂作用 30 s，水洗；最后以碱性美蓝液染 1 min，水洗，干后镜检（亦有人主张在石炭酸复红液及特殊媒染剂处理后水洗前，先以 95％酒精进行清洗）。

（3）结果：菌体呈鲜明红色，荚膜呈蓝色。

4. 芽胞染色法

（1）染色液：石炭酸复红液、碱性美蓝液、95％酒精。

（2）染色法：制作有芽孢的细菌涂片，干后加热固定。滴加石炭酸复红液于涂片上，微火加热使染液冒蒸汽约 5 min，冷却后水洗，再用 95％酒精脱色 2 min；水洗，碱性美蓝液复染 30 s，水洗；干后镜检。

（3）结果：芽胞呈红色，菌体呈蓝色。

5. 鞭毛染色法

1）制作

先将有鞭毛菌（如伤寒沙门氏菌、变形杆菌等）每日在肉汤培养基中移种一次，共 5～7 次。取出琼脂斜面培养基内的凝固水，换以无菌生理盐水 2 ml，接种一接种环菌液至琼脂斜面与液体交界部分，再自该部向上划线，37 ℃培养 7～16 h，以接种环自该面交接处取出一环菌液，轻轻放在盛有 3～4 ml 蒸馏水的小碟表面，使细菌自由分散，浮在液体表面，静置 4～5 min，用接种环由上层液面轻轻挑取一环菌液，放置于高度洁净无油脂的载玻片上，切勿离磨和摇动，置 37 ℃温箱内烘干，不能用火焰固定。

2）染色法（一）

（1）染色液。

甲液：饱和甲明矾液 2 ml、50 g/L 的石炭酸 5 ml、200 g/L 的鞣酸液 2 ml，相互混合。

乙液：碱性复红酒精饱和液。

使用前将甲液 9 份，乙液 1 份混合过滤，第三天使用最佳。

（2）染色法。将染液滴加于已制作好的细菌鞭毛涂片上，染色 1～2 min，轻轻水洗，干后镜检。

（3）结果。菌体和鞭毛皆为红色，菌体染色较鞭毛深。染色时间长则鞭毛较粗，反之则较细。

3）染色法（二）

（1）染色液-费康氏（Fisher，Cohn）鞭毛染色液。

甲液：10％鞣酸水溶液 36 ml、6％三氯化铁（$FeCl_3 \cdot 6H_2O$）水溶液 12 ml。

乙液：甲液 28 ml、碱性复红（0.5％酒精溶液）4 ml、浓盐酸 4 ml、40％甲醛 16 ml。

染色前甲液和乙液分别过滤后方可使用。

（2）染色法：将已制好的细菌鞭毛涂片，先用甲液处理 5～7 min，倾去甲液，再加乙液染色 8～10 min，用水轻轻冲洗干净，最后用石炭酸复红液染 2～3 min，轻轻用水冲洗，晾干，镜检。

（3）结果：菌体与鞭毛均呈红色。

4）染色法（三）

（1）染色液。

明矾复红液：明矾饱和液 20 ml、20％鞣酸 10 ml、95％酒精 15 ml、蒸馏水 10 ml、复红酒精饱和液 3 ml，混合均匀，静置 2～3 d，过滤后使用。

硼砂美蓝液：硼砂 1 g，美蓝 0.1 g，蒸馏水 200 ml，混合溶解。

（2）染色法：将已制作好的细菌鞭毛涂片，先用明矾复红液染色 3～5 min，水洗；再用硼砂美蓝液复染 1～2 min，水洗，风干，镜检。

（3）结果：菌体呈蓝紫色，鞭毛呈紫红色。

6. 结核杆菌荧光染色法

1）染色液

（1）金胺染液(1∶1 000，含 5％石炭酸)。

（2）1∶1 000 过锰酸钾液。

（3）碱性美蓝液。

（4）3％盐酸酒精。

2）染色法

按常规法制作涂片，干燥后经火焰固定。滴加金胺染液，加温使冒蒸汽，染色 5 min 后水洗。用盐酸酒精脱色约 15～20 s，水洗。再以过锰酸钾液处理 5 s，水洗。最后用美蓝液染 30 s，以熄灭涂片中不应发光部分，水洗，干后镜检。

3）结果

结核杆菌体发出明亮的黄绿色荧光。此法亦可用于麻风杆菌、淋球菌和某些螺旋体等的染色。

7. 支原体菌落 Dienes 染色法

（1）Dienes 染色液：美蓝 2.5 g、天青 II 1.25 g、苯甲酸 0.25 g、麦芽糖 10 g、碳酸钠 0.25 g、蒸馏水 100 ml。

（2）染色法及结果：用接种环取染色液 1 环，放置于支原体菌落近旁，使染液扩散至菌落，支原体菌落被染成蓝色，中心部分染色较深，边缘部分染色较淡，呈“荷包蛋样”。

8. Fontana 氏镀银染色法

1）染色液

固定液：冰醋酸 1 ml、甲醛 20 ml、蒸馏水 100 ml。

媒染剂：鞣酸 5 g、蒸馏水 100 ml。

硝酸银液：硝酸银 1 g、蒸馏水 50 ml。待硝酸银溶解后，滴加 10％氢氧铵液，初现褐色沉淀，继续滴加氢氧化铵液至沉淀溶解，使其微现乳白色为适度。若液体变清，可再加少许 10％硝酸银矫正之。

2）染色法

加固定液数滴于干燥的涂片上，作用 1 min，水洗；加媒染剂数滴，并微加热至冒蒸汽，约 30 s，水洗；最后加硝酸银数滴，并微加热至冒蒸汽，作用 30 s 后水洗，待干后镜检。

3）结果

螺旋体呈棕褐色，背景为淡黄色。

三、常用培养基配方

1. 普通肉汤培养基（pH7.6～7.8）

成分：新鲜牛肉浸液 100 ml、蛋白陈 1 g、氯化钠 0.5 g。

2. 普通肉汤琼脂固体培养基（pH7.6）

成分：普通肉汤培养基 100 ml，琼脂 2 g。

3. 普通肉汤半固体培养基（pH7.2～7.4）

成分：普通肉汤培养基 100 ml、琼脂 0.25～0.5 g。

4. 血液琼脂培养基（pH7.6）

成分：普通肉汤培养基 100 ml、无菌脱纤维羊血（或兔血）8～10 ml。

5. 肉膏汤（pH7.4～7.6）

成分：牛肉膏 3～5 g、蛋白胨 10 g、氯化钠 5 g、蒸馏水 1 000 ml。

6. 碱性蛋白胨水（pH8.4）

成分：蛋白胨 10 g、氯化钠 5 g、蒸馏水 1 000 ml。

7. 蛋白胨水（pH7.4～7.6）

成分：蛋白胨 20 g、氯化钠 5 g、蒸馏水 1 000 ml。

8. 细菌 L 型固体培养基（pH7.4～7.6）

成分：牛肉浸液 800 ml、蛋白胨 20 g、氯化钠 50 g、琼脂 8 g、灭活人血浆 200 ml（注：灭活人血浆可用马血清或羊血浆代替）。

9. 单糖发酵管培养基（pH7.6）

成分：单糖（葡萄糖、乳糖、蔗糖等）1 g、蛋白胨 1 g、氯化钠 0.5 g、琼脂 0.5 g、1.6%溴甲酚紫酒精溶液 0.1 ml、蒸馏水 100 ml。

10. 葡萄糖磷酸盐蛋白胨培养基（pH7.2）

成分：蛋白胨 0.5 g、葡萄糖 0.5 g、磷酸二氢钾 0.5 g、蒸馏水 100 ml。

11. 醋酸铝培养基（pH7.0～7.6）

成分：3%琼脂肉汤培养基 100 ml、10%硫代硫酸钠 2.5 ml、10%醋酸铝水溶液 1 ml。

12. 枸橼酸盐培养基（pH6.8）

成分：磷酸二氢铵 0.1 g、硫酸镁 0.02 g、磷酸氢二钾 0.1 g、枸橼酸钠 0.2 g、氯化钠 0.5 g、琼脂 2 g、0.5%溴麝香草酚蓝酒精溶液 2 ml、蒸馏水 100 ml。

13. 尿毒培养基（pH6.8～6.9）

成分：葡萄糖 1 g、蛋白胨 1 g、氯化钠 0.5 g、磷酸二氢钾 2 g、0.1%酚红水溶液 12 ml、

20%尿素溶液 100 ml、琼脂 15 g、蒸馏水 1 000 ml。

14. 铁质双糖培养基(pH7.6)

成分：蛋白胨 2 g、氯化钠 0.5 g、葡萄糖 0.1 g、乳糖 1 g、枸橼酸铁胺 0.05 g(或硫酸亚铁 0.02 g)、硫代硫酸钠 0.75 g、琼脂 1.5 g、0.2%酚红水溶液 1.25 ml、蒸馏水 100 ml。

15. 伊红美蓝琼脂培养基(EMB)(pH7.6)

成分：2%肉膏汤琼脂 100 ml、乳糖 1 g、2%伊红水溶液 2 ml、0.5%美兰 1～1.2 ml。

16. 麦康凯琼脂培养基(pH7.2)

成分：蛋白胨 2 g、乳糖 1 g、氯化钠 0.5 g、胆盐 0.5 g、琼脂 2 g、0.5%中性红水溶液 0.5 ml、蒸馏水 100 ml。

17. SS 琼脂培养基(pH7.2)

成分：牛肉膏 5 g、蛋白胨 5 g、琼脂 25 g、胆盐 10 g、乳糖 10 g、枸橼酸钠 12 g、枸橼酸铁 0.5 g、硫代硫酸钠 12 g、蒸馏水 1 000 ml。

18. 牛乳培养基

成分：新鲜脱脂牛奶 100 ml、1.6%溴甲酚紫酒精溶液 0.1 ml。

19. 疱肉培养基(pH7.4～7.6)

成分：牛肉浸液或牛心、脑浸液培养基、牛肉渣。

20. 牛心、牛脑浸液培养基(pH7.4～7.6)

成分：牛心浸出液 250 ml、牛脑浸出液 250 ml、葡萄糖 2 g、氯化钠 5 g、蛋白胨 10 g、磷酸氢二钠 2.5 g、半胱氨酸 0.5 g、蒸馏水加至 1 000 ml。

21. 吕氏血清斜面培养基(pH7.4)

成分：1%葡萄糖肉汤 1 份、牛血清或兔血清 3 份。

22. 亚啼酸钾培养基(pH7.6)

成分：2%肉汤琼脂 100 ml、1%亚碲酸钾水溶液 2 ml、0.5 半胱氨酸水溶液 2 ml、无菌脱纤维羊血(或兔血)5～10 ml。

23. 罗氏培养基(pH6.0)

成分：①磷酸二氢钾(无水)0.96 g、天门冬酰胺 0.7 g、枸橼氨酸镁 0.12 g、硫酸镁($MgSO_4 \cdot 7H_2O$)0.048 g 纯甘油(中性)2.4 m、蒸馏水 120 ml。②马铃薯粉 6 g。③新鲜鸡蛋 6～8 个。④1%孔雀绿溶液 8 ml。

24. 支原体基础培养基(pH7.8～8.0)

成分：①牛心消化液 1 000 ml、蛋白胨 10 g、氯化钠 5 g、琼脂粉 14 g。②无菌小牛或马血清(不灭活)20 ml、青霉素 G(2×10^6 u/ml)0.5 ml、25%鲜酵母浸出液 10 ml、20%灭菌葡萄糖溶液 5 ml、1%鲜醋酸铊 2.5 ml。

25. 柯索夫(Korthof)培养基(pH7.2～7.4)

成分：蛋白胨 0.8 g、氯化钠 1.4 g、1%氯化钾水溶液 4 ml、1%碳酸氢钠水溶液 2 ml、磷酸氢二钠($Na_2HPO_4 \cdot 12H_2O$)1.93 g、磷酸二氢钾(无水)0.18 g、蒸馏水 1 000 ml、灭菌正常兔血清 8～10 ml。

26. 沙氏培养基

成分:葡萄糖 4 g、蛋白胨 1 g、琼脂 2 g、蒸馏水 100 ml。

27. 玉米琼脂培养基

成分:玉米 4 g、琼脂 2 g、蒸馏水 100 ml。

28. LB(Luria-Bertani)培养基

成分:细菌培养用胰蛋白胨 10 g、酵母提取物 5 g,NaCl 10 g、去离子水 800 ml。搅拌,使溶质完全溶解,用 5 mol/L NaOH(约 0.2 ml)调 pH 值至 7.4,加去离子水至总体积为 1 L。高压蒸汽灭菌 20 分钟。

四、常用试剂、清洁液及缓冲液的配制

1. 常用试剂

(1) 靛基质试剂:对二甲基氨基苯甲醛 5 g、95%酒精 150 ml、浓盐酸 50 ml。将对二甲基氨基苯甲醛溶于酒精中,再徐徐加入浓盐酸即成。

(2) 甲基红试剂:称取甲基红 0.1 g,溶于 95%酒精 150 ml 中,再以蒸馏水稀释至 250 ml。

(3) 常用指示剂的配制:先称取指示剂 0.1 g,置于研钵中磨细,滴加所需 0.1 mol/L,氢氧化钠溶液使其溶解,再以蒸馏水加全规定浓度即可。

附表 2　常用指示剂配制及其酸碱度感应界

指示剂	色调变更 酸→碱	PH 感应界	0.1 g 指示剂 所需 mol/L NaOH 量(ml)	需加蒸馏水(ml)	浓度(%)	10 mol 培养基 需用量(ml)
溴甲酚紫	黄→紫	5.2～6.8	1.85	250	0.04	0.50
溴麝香草酚蓝	黄→蓝	6.0～6.8	1.60	250	0.04	0.50
甲基红	红→黄	4.4～6.0	—	500	0.02	0.20
酚　红	黄→红	6.8～8.4	2.82	500	0.02	0.50

2. 洗液的配制和使用

1) 洗液的配制和使用

洗液的配制和使用有以下三种方法:

(1) 溶解 80 g 重铬酸钾于 1 000 ml 温水中,待凉后,徐徐加入粗制浓硫酸 100 ml 于水中即成。使用时先将玻璃器皿浸于该液中 24 h,然后用清水和蒸馏水冲洗。

(2) 溶解 60 g 重铬酸钾于 300 ml 热水中,冷却后,缓慢加入粗制浓硫酸 160 ml,边加

边用玻璃棒搅拌。因为此液产生大量热，在配制时应用耐热的容器，并放在水槽中以便冷却，一般玻璃器皿在该清洁液中浸泡 6 h 以上即可。

(3) 在 35 ml 重铬酸钾饱和液(重铬酸钾 180 g 溶于 100 ml 水中，或 63 g 重铬酸钾溶于 35 ml 水中)，慢慢加入粗制浓硫酸 1 000 ml。玻璃器皿一般在液中浸泡 2 h 以上即可除污。

2) 洗液的作用和注意事项

洗液的作用主要是将有机污物氧化成能溶解的物质，所以它对还原剂的作用最好。脂肪类物质遇洗液后将变成不溶于洗液和水的脂肪酸，更难洗净。所以需先用热酒精、汽油或碱清洗。凡士林油则应用汽油或乙醚拭洗。

洗液有很强的破坏作用，所以在使用时应特别小心，避免溅到衣服、皮肤，特别是眼睛上，如有溅污应立即用清水冲洗。洗液可反复使用，直至红色的重铬酸盐变为绿色的铬离子为止。

3. 常用缓冲液

1) 磷酸缓冲液配制方法

甲液：0.2 mol/L 磷酸二氢钠溶液($NaH_2PO_4 \cdot 2H_2O$)。1 000 ml 中含 31.2 g。

乙液：0.2 mol/L 磷酸氢二钠溶液($Na_2HPO_4 \cdot 7H_2O$)。1 000 ml 中含 53.7 g。

根据所需要的 pH 值，按照下表，分别吸取 X 毫升甲液和 Y 毫升乙液，混合均匀即得。

附表 3　磷酸缓冲液

pH	甲液(毫升)	乙液(毫升)
5.7	93.5	6.5
5.8	92.0	8.0
5.9	90.0	10.0
6.0	87.7	12.3
6.1	85.0	15.0
6.2	81.5	18.5
6.3	77.5	22.5
6.4	73.5	26.5
6.5	68.5	31.5
6.6	62.5	37.5
6.7	56.5	43.5
6.8	51.0	49.0
6.9	45.0	55.0
7.0	39.0	61.0
7.1	33.0	67.0
7.2	28.0	72.0

续表

pH	甲液(毫升)	乙液(毫升)
7.3	23.0	77.0
7.4	19.0	81.0
7.5	16.0	84.0
7.6	13.0	87.0
7.7	10.5	90.5
7.8	8.5	91.5
7.9	7.0	93.0
8.0	5.3	94.7

2）醋酸缓冲液配制方法

甲液：0.2 mol/L 醋酸钠溶液，1 000 ml 中含醋酸钠 11.55 g。

乙液：0.2 mol/L 醋酸溶液，1 000 ml 中含醋酸 10.40 g。

根据所需要的 pH，按照下表，分别吸取 X ml 甲液和 Y ml 乙液，混合均匀即得。

附表 4　醋酸缓冲液

pH	甲液(毫升)	乙液(毫升)
3.6	46.3	3.7
3.8	44.0	6.0
4.0	41.0	9.0
4.2	36.8	13.2
4.4	30.5	19.5
4.6	25.5	24.5
4.8	20.0	30.0
5.0	14.8	35.2
5.2	10.5	39.5
5.4	8.8	41.2
5.6	4.8	45.2

3）0.03 mol/LTris

6.05 克 Tris 溶解于 1 000 ml 蒸馏水中，用浓 HClpH 至 8.0。

4）TEN 缓冲液

0.02 mol/LTris＋1 mol/LEDTA＋0.02 mol/LnaCl；pH8.0。

5）0.05 mol/L Tris-HCl(用于洗涤菌体）

以配制 3 升为例，称取 Tris 18.17 g，溶解于 500 ml 蒸馏水中，用 2 mol/L HCl 调节 pH 至 8.0，约需加 35 ml 2 mol/L HCl，而后定容至 3 升。

6) Stbuffer 25%蔗糖-50 mol/L Tris-HCl(pH8.0,用于悬浮原生质体)

以配制 500 毫升计,称取 125 g 蔗糖,用 0.05 mol/L Tris-HCl(pH8.0)定容至 500 ml。如果蔗糖不干净,可以过滤,现配现用或冰箱保存或经高压灭菌后保存。

7) Triton 液

用 0.062 5 mol/L EDTA-0.05 mol/L Tris(pH8.0)溶之。Triton 与该液以等同和 V/W 混合。

8) 0.025 mol/L EDTA(pH8.0)

用于抑制 Dnase 酶的活性,需要 Mg^{2+} 等离子激活,而 EDTA 是一种螯合剂,由于螯合了 Mg^{2+} 等,从而抑制了酶的活性。

以配制 500 毫升计:称取 EDTA 46.5 g,用 250 ml 蒸馏水溶解(加热溶解),冷却后测 pH 值。EDTA 是酸性,用饱和 NaOH 调节,最后定容至 500 ml。

9) 0.062 5 mol/L EDTA-0.05 mol/L Tris(pH8.0)

用于配制 Triton 溶液。

以配制 100 ml 计:称取 EDTA 23.297 5 克和 Tris 6.057 g,先用 500 ml 蒸馏水溶解,调节 pH(用 1 mol/L NaOH 调节,约需 3 ml)至 8.0,最后定容至 1 000 ml。

10) 几种醋酸缓冲液

(1) 1 mol/L 醋酸钠(pH4.0):以配制 500 ml 计,称取醋酸钠 68.04 g,先用浓 CHl 调节 pH 至 5.0,然后定容至 500 ml。

(2) 1 mol/L 醋酸钠(pH5.0):以配制 500 ml 计,量取 57.2 ml 冰醋酸,加 6.2 g NaOH,定容至 500 ml(偏酸用 1 mol/L NaOH 调节 pH 至 5.0)。

(3) 0.05 mol/L 醋酸钠(pH4.0):用 1 mol/L 醋酸钠稀释 20 倍。

(4) 0.1 mol/L 醋酸钠(pH5.0):稀释 1 mol/L 醋酸钠 10 倍即得。

(包永芬　梁　莹)

参考文献

管志远，王艾琳，李坚. 2007. 医学微生物学实验技术. 北京：化学工业出版社
黄敏，张佩. 2010. 医学微生物学(案例版). 第2版. 北京：科学出版社
黄秀梨. 2008. 微生物学实验指导. 北京：高等教育出版社
李凡，刘晶星. 2008. 医学微生物学(第7版). 北京：人民卫生出版社
刘先洲. 医学微生物学实验技术指导. 2008. 武汉：湖北科学技术出版社
李明远，刘佩娜. 病原学生物学简明实验教程. 2004. 成都：四川大学出版社
沈萍. 微生物学实验. 2007. 北京：高等教育出版社
汪正清. 2005. 医学微生物学实验教程. 西安：第四军医大学出版社
于爱莲. 2005. 医学微生物学实验指导. 北京：人民卫生出版社
姚旌旗，覃金红，孙剑刚. 2007. 病原学及免疫学实验教程. 北京：科学技术出版社
张卓然，黄敏. 医学微生物实验学(第3版)2008. 北京：科学技术出版社
訾自强. 2009. 病原生物学实验教程. 北京：人民卫生出版社
Jawetz, Melnick, & Adelberg's Medical Microbiology. 23rd edition. Geo F. Brooks, Janet S. Butel, Stephen A Morse. 2004. Lange Medical Books/McGraw Hill, NY

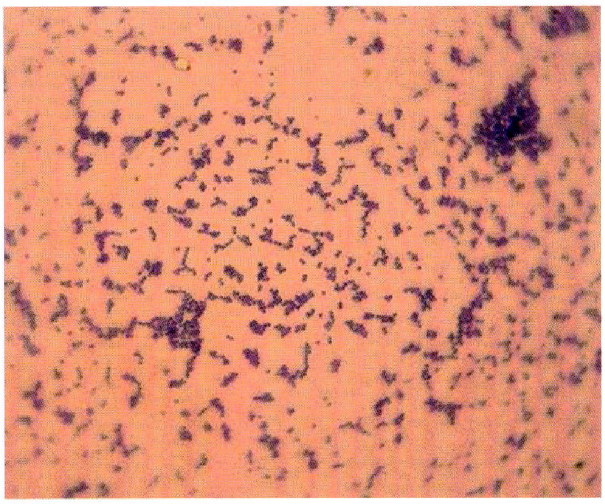

1.葡萄球菌

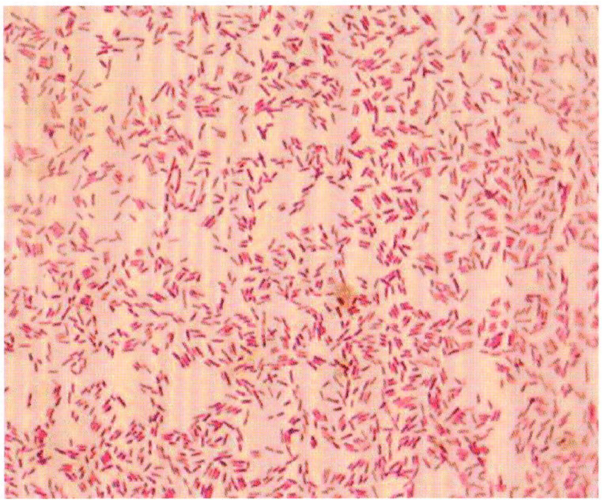

2.大肠杆菌

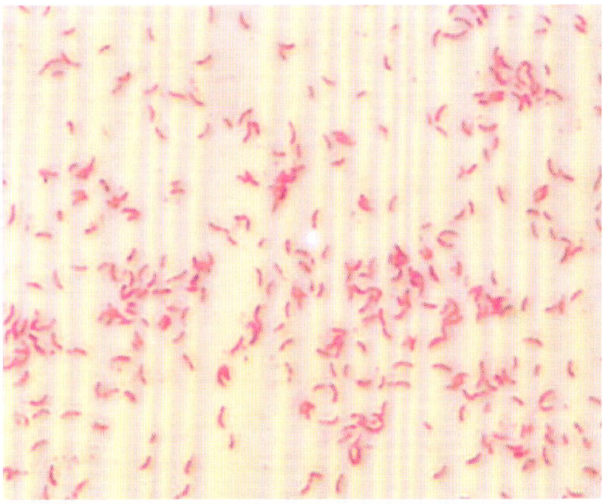

3.水弧菌

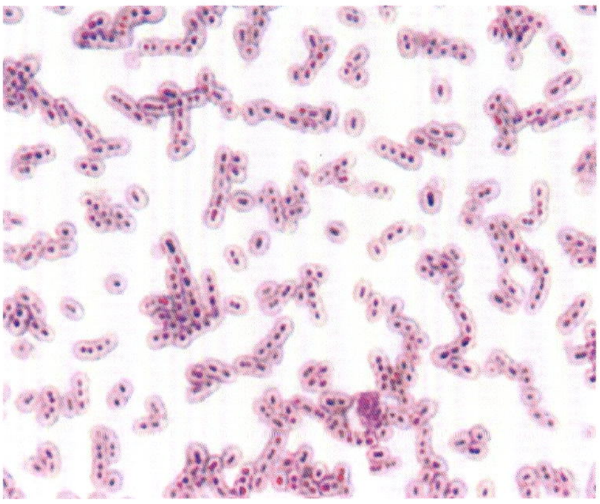

4.肺炎双球菌荚膜

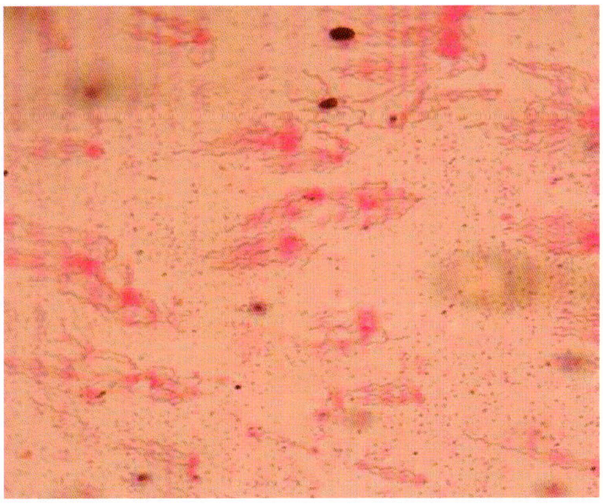

5.变形杆菌鞭毛

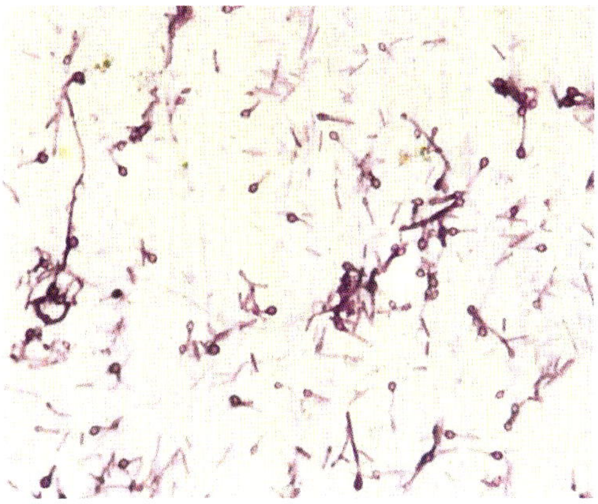

6.破伤风梭菌芽孢

图版 II

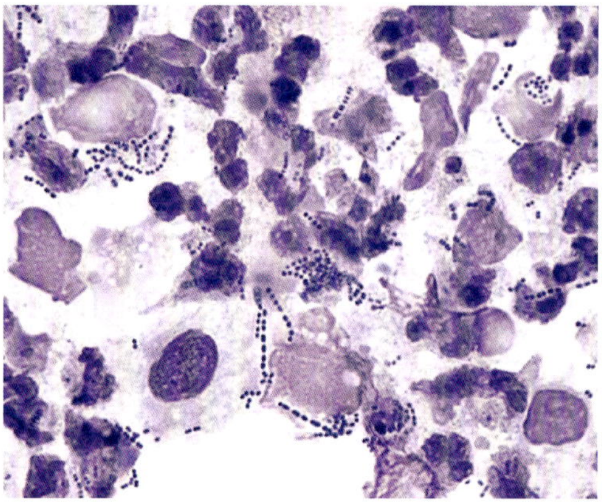

7.链球菌

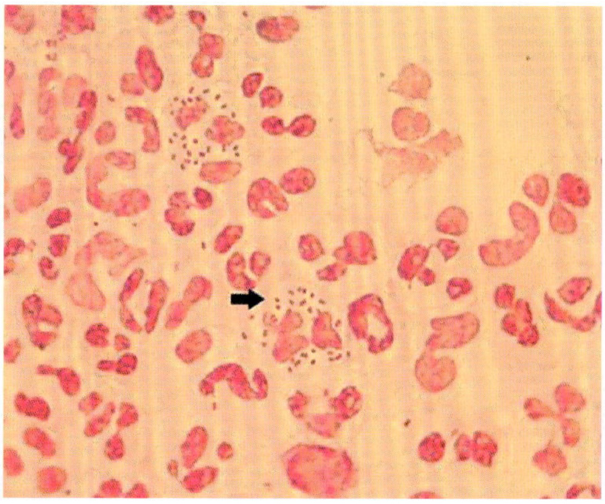

8.淋病耐瑟菌

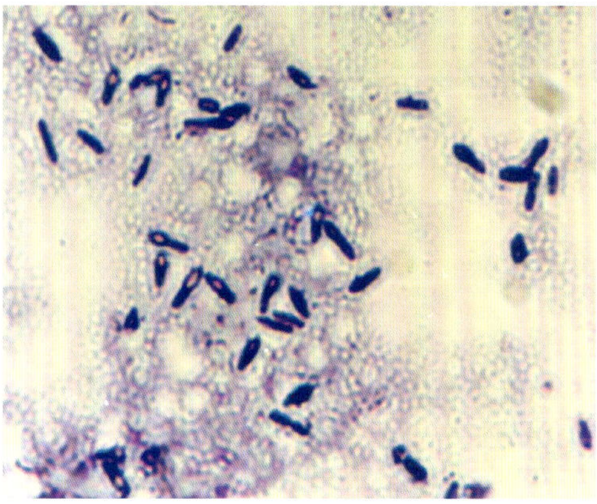

9.肉毒梭菌

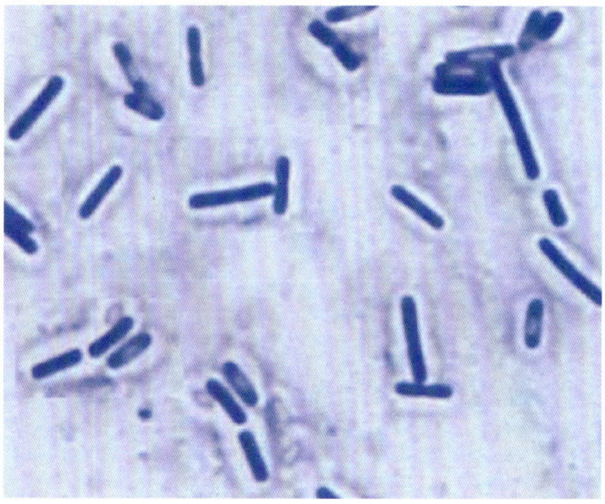

10.产气荚膜梭菌

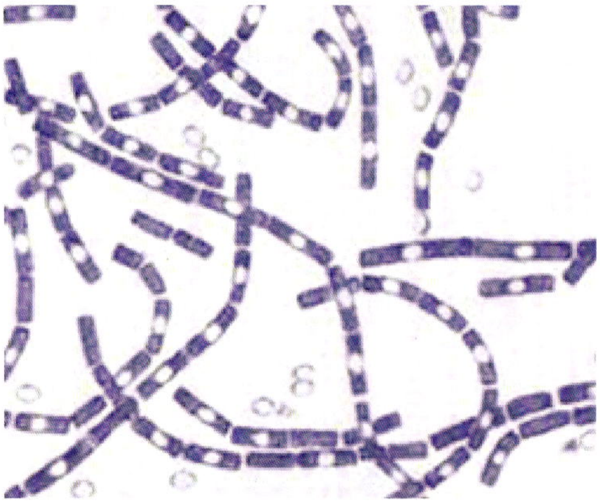

11.炭疽杆菌

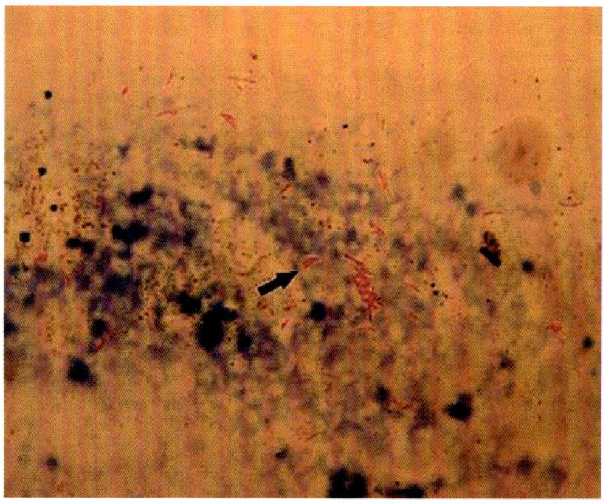

12.结核杆菌

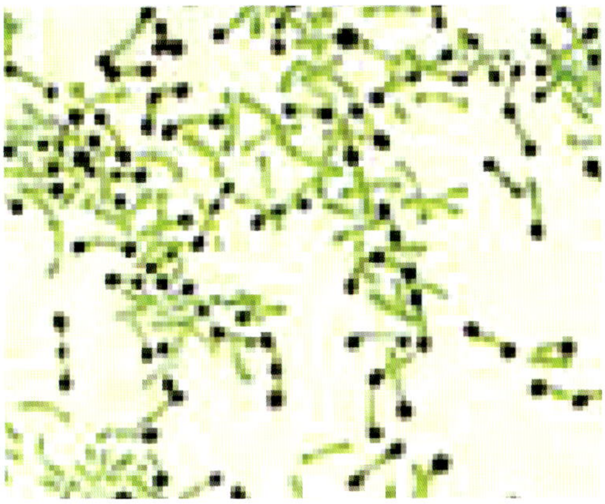

13. 白喉棒状杆菌

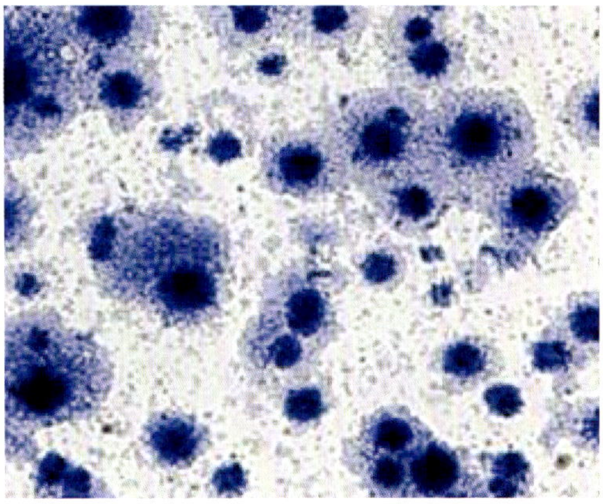

14. 肺炎支原体“荷包蛋”样菌落

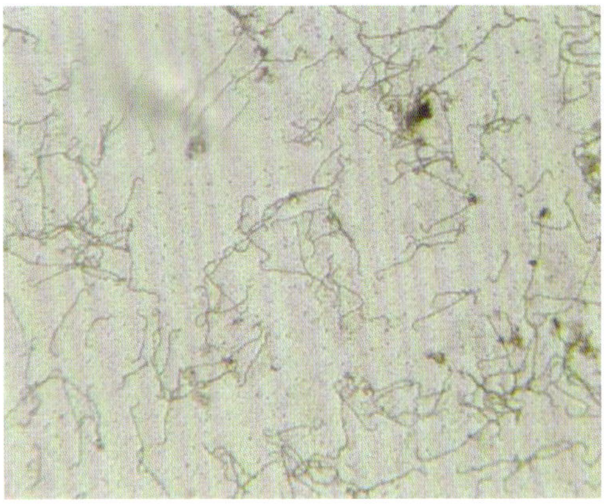

15. 钩端螺旋体

16. 梅毒螺旋体

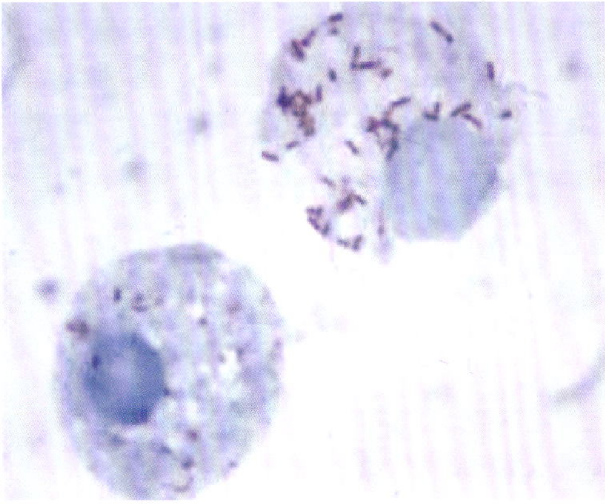

17. 立克次体

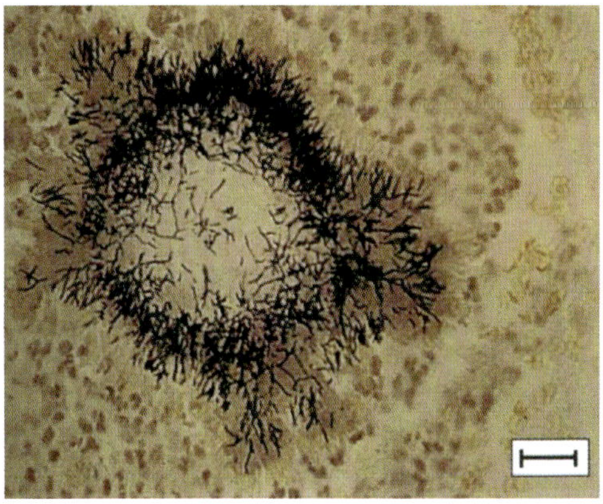

18. 放线菌硫磺样颗粒

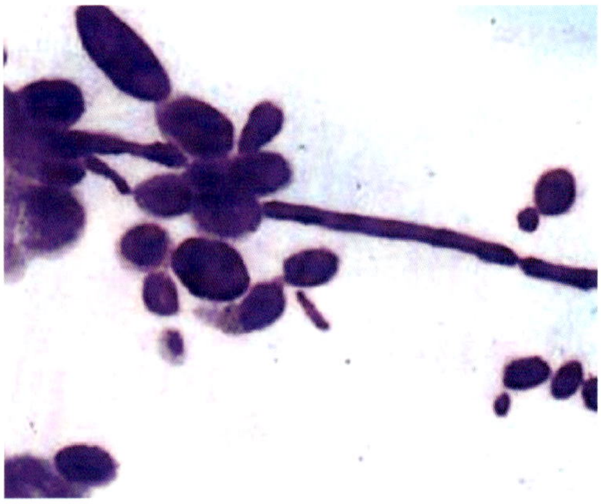

19.白色念珠菌

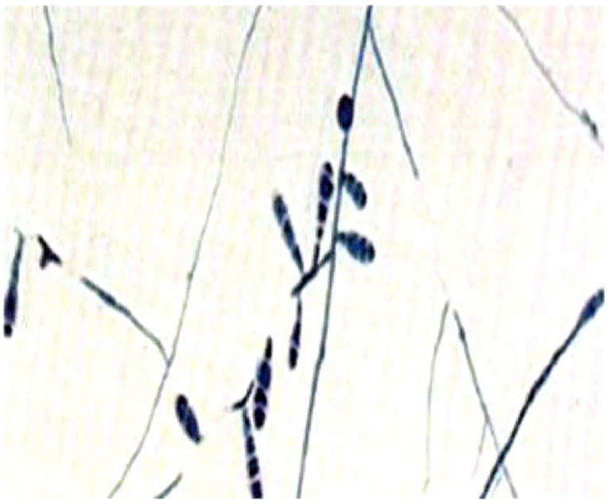

20.真菌大分生孢子

21.曲霉

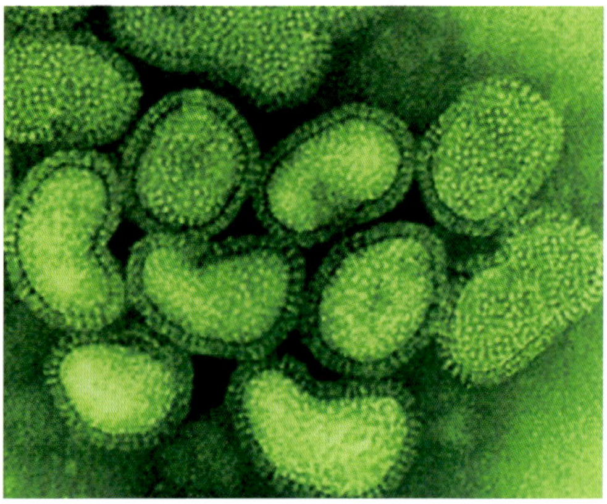

22.流感病毒

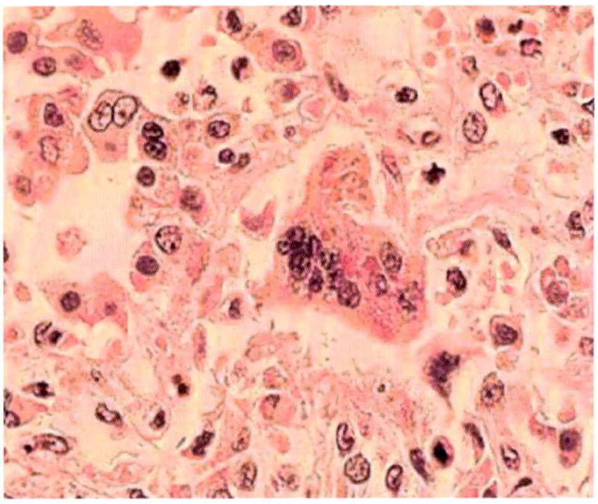

23.麻疹病毒多核巨细胞

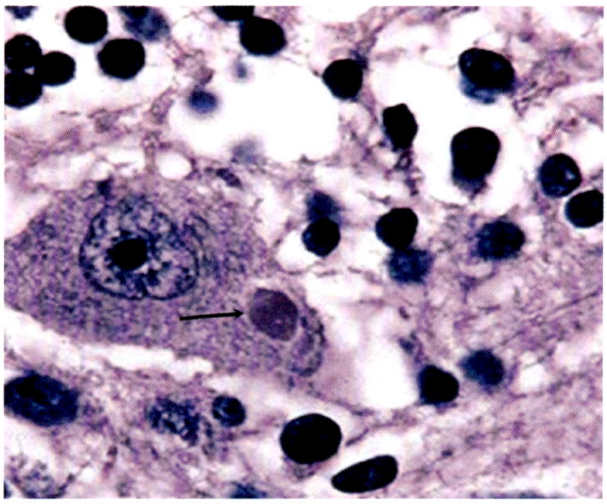

24.狂犬病毒内基小体